# 旅游英语文化透视与翻译解析

贾春巍 ◎著

中國華僑出版社

·北京·

图书在版编目（CIP）数据

旅游英语文化透视与翻译解析 / 贾春巍著 . -- 北京：
中国华侨出版社，2022.10
ISBN 978-7-5113-8879-7

Ⅰ . ①旅… Ⅱ . ①贾… Ⅲ . ①旅游—英语—翻译—研究 Ⅳ . ① F59

中国版本图书馆 CIP 数据核字 (2022) 第 139761 号

旅游英语文化透视与翻译解析

著　　者 / 贾春巍
责任编辑 / 桑梦娟
经　　销 / 新华书店
开　　本 / 787 毫米 ×1092 毫米　1/16　印张 /11.75　字　数 /266 千字
印　　刷 / 三河市华晨印务有限公司
版　　次 / 2023 年 6 月第 1 版　2023 年 6 月第 1 次印刷
书　　号 / ISBN 978-7-5113-8879-7
定　　价 / 34.00 元

中国华侨出版社　北京市朝阳区西坝河东里 77 号楼底商 5 号　邮编 :100028
编辑部 :(010)64443056
网址 :www.oveaschin.com　E-mail:oveaschin@sina.com

# 前　言

现代旅游业是为满足旅游者日益增长的物质和文化的需求应运而生的，得到了迅猛发展。旅游业在全球范围内的迅猛发展，对世界的经济与文化产生了巨大影响，旅游已成为全球不同文化背景的人们之间相互交流的重要窗口与活动平台。随着我国旅游业对外开放的步伐日趋加快，来华旅游的外国游客数量逐年增多，旅游翻译工作日趋重要。旅游业具有带动并促进众多行业发展的特殊功能和作用，承担着建立跨文化沟通和理解的历史使命。旅游业既是中国文化走出去的积极参与者，又是推动者，更是展示者。旅游业健康、持续的发展有助于中国形象的确立与提升，有利于中外人民之间的交流与沟通。因此，进行旅游翻译理论与实践的研究具有现实意义和学术意义。

本书从英语翻译和旅游翻译的概念入手，随后展开介绍了旅游英语文化知识和旅游文本翻译，最后从不同类型语言、文化景观和地方景观、公示语和旅游广告等几方面入手介绍了旅游翻译。并利用多视觉、多方位研究不同情景语境中的旅游翻译，注重翻译研究的应变性特征，视域独特，全文逻辑严谨，环环相扣。

为了更加直观、形象地阐释旅游翻译的相关知识并且为了拓宽研究思路，丰富理论知识与实践表达，作者阅读了很多相关学科的著作与成功案例，吸取了大量交叉学科的知识并在书中采用大量举例，让研读的人通过对实例的研究能够真正清楚地理解这些内容，使其对旅游文化翻译有更深的理解以便今后更好的实施。最后，书稿的完成还得益于前辈和同行的研究成果，具体已在参考文献中列出，在此一并表示诚挚的感谢！在写作过程中，作者参考了部分相关资料，获益良多。

# 前言

# 目 录

# 第一章　英语翻译的相关概述

## 第一节　英语翻译的性质与分类

### 一、翻译的定义

随着世界经济全球化的不断加深，国与国之间的交流日益频繁。翻译作为交际的媒介和信息转换的手段，其重要性也日益凸显。事实上，自翻译活动诞生以来，人们对翻译的各种研究就没有停止过。

翻译工作至今已经走过了千百年的历程。可以说，无论是在东方还是在西方，翻译工作都源远流长、历史悠久。但是对于到底什么是翻译的问题，学界一直众说纷纭，不同的学者有不同的看法。下面将从国内和国外两个视角来看一下不同学者对翻译的界定。

#### （一）国外较有代表性的翻译定义

18 世纪著名学者约翰逊（Samuel Johnson，英国）认为，翻译就是将一种语言换成另一种语言，并保持原文意思不变。（To translate is to change into another language，retaining as much of the sense as one can.）

翻译理论家尤金 •A. 奈达（Eugene A.Nida，美国）认为，所谓翻译，是指从语义到文体在译语中用最切近而最自然的对等语再现源语的信息。（Translating consists in reproducing in the receptor language the closest natural equivalent of the source language message，first in terms of meaning and secondly in terms of styles.）这是国外比较有代表性的翻译定义。

杜波斯（Dubois，美国）认为，翻译是把第一种语言（源语）语篇所表达的东西用第二种语言（目的语）重新表达出来，尽量保持语义与语体方面的等值。（Translation is the expression in another language[target language]of what has been expressed in another[source language]，preserving semantic and stylistic equivalences.）

著名语言学家和翻译理论家卡特福德(J.C.Catford，英国)认为，翻译是一种语言(源语)的话语材料被另一种语言（目标语）中的对等的话语材料替代。(Translation may he defined as follows：the replacement of textual material in one language[SL] by equivalent textual material in another language[TL].) 卡特福德认为翻译主要是两种存在状态，一是源语即译出语，一是目标语即译入语。

纽马克（Peter Newmark）认为，通常翻译就是把一个文本的意义按原作者所意想的方式移入另一种文字。(Translation is a craft consisting in the attempt to replace a written message and/or statement in one language by the same message and/or statement in another language.Translation is rendering the meaning of a text into another language in the way the author intended the text.)

韦努提（Vermti，美国）认为，翻译是译者依靠解释所提供的目的语中的能指链替代构成源语文本的能指链的过程。韦努提一反传统的“对等”角度的定义，否定了结构主义所信奉的所指与能指或自荐的对应关系，认为能指和所指是可以分裂的，符号与意义之间是不一致的，因此文本意义具有不确定性。在韦努提看来，翻译只是用一种表层结构代替另一种表层结构。

图瑞（Gideon Tmiry，美国）认为，在任何情况下，译文都表现为或被认为是目的语文化中的一种目的语文本。(A translation is taken to he any target language utterance which is presented or regarded as such within the target culture on whatever grounds.) 这一定义提出了目的语文化，并使翻译研究的范畴从语言层面向文化层面拓展。

语言学派翻译理论家费道罗夫（Fedorov，苏联）认为，翻译就是用一种语言把另一种语言在内容与形式不可分割的统一中已表达出来的东西准确而完全地表达出来。

翻译家巴尔胡达罗夫（Barkhudarov，苏联）认为，“翻译是把一种语言的言语产物在保持内容方面（也就是意义）不变的情况下改变为另外一种语言的言语产物的过程”。

塞杰尔（J.C.Sager，美国）认为，翻译是由外力激发，以信息科技为依托，随交际方式的变化而变化的一种产业活动。(Translation is an externally motivated industrial activity，supported by information technology，which is diversified in response to the particular needs of this form of communication.) 这一定义进一步扩大了翻译的外延，将翻译视为一种产业活动，其动力来自外部，并以信息科技为辅助手段。

弗米尔（Vermeer，美国）认为，翻译是一种信息模仿过程，“翻译是用 Z 语言模仿 A 文化的 A 语言所提供的信息来提供信息，以实现所希望实现的功能。翻译不是通过换词的方式把词语或句子从一种语言转换成另一种语言，而是某人在新的功能、文化和语言等条件下，在新的环境中，通过尽可能模仿原文的形式特点来提供某文本信息的复杂活动”。

### （二）国内较有代表性的翻译定义

茅盾认为，文学翻译是用一种语言把原作的艺术意境传达出来，使读者在读译文的时候能够像读原作一样得到启发、感动和美的感受。

吕俊认为，翻译是一种跨文化的信息交流与交换活动，其本质是传播，是传播学中的一个有特殊性质的领域。

林煌天认为，翻译是语言活动的一个重要组成部分，是指把一种语言或语言变体的内容变为另一种语言或语言变体的过程或结果，或者是把一种语言材料构成的文本用另一种语言准确而完整地再现出来。

沈苏儒认为，翻译是把具有某一文化背景的发送者用某种语言（文字）所表达的内容尽可能充分、有效地传达给使用另一种语言（文字）、具有另一种文化背景的接受者。

王克非认为，翻译是将一种语言文字所蕴含的意思用另一种语言文字表达出来的文化活动。

孙致礼认为，翻译是把一种语言表达的意义用一种语言传达出来，以达到沟通思想情感、传播文化知识、促进社会文明，尤其是推动译语文化兴旺昌盛的目的。

林汉达认为，正确的翻译就是尽可能地按照中国语文的习惯，忠实地表达原文中所有的意义。

以上我们介绍了国内外学者对翻译的各种见仁见智的定义。无论是国外学者还是中国学者，都将翻译视作一种文字之间的转换活动。具体来说，这种转换过程主要包括以下特征：第一，在信息和风格上要力求使翻译作品与原语言作品等值；第二，这种等值应是尽可能地接近，而不是机械地生搬硬套，即一味追求形式上的对等，从而牺牲某些更重要的东西；第三，要注意不同体裁的作品在各方面的诸多不同，不能千篇一律，也就是要注意各种文体在个性上的差别。

在翻译的定义中还需注意一点，即在翻译这一转换过程中，译者的任务只是转换文字而不是改变其意思。翻译有两个要素，即准确性和表达性。准确性是翻译的首要条件，即译者必须谨慎地遵循原作者的意思，所选用的字词和句式结构必须如实地传达出原文的思想。表达性是为了让译文易于理解，也就是说，译者必须用自己的手段尽可能地将原文的思想清楚有力地表达出来。准确性使译文的思想明确无误，而表达性则使译文生动有魅力。

## 二、翻译的性质

翻译是什么？不同的人对此问题有不同的看法。不同的看法会产生不同的翻译方法和策略。首先来看看持不同翻译观的学者是如何解释翻译的。

语言学翻译观可分为传统型和当代型两种。传统型语言学翻译观以 19 世纪以来的传统语言学理论为基础研究翻译问题。当代语言学翻译观主要受当代语言学的影响，把研究的观点从语言本身扩展到交际语境、语域、语用等领域，认为翻译是一种交际活动。从语言的功能和交际的角度来研究翻译，一般注重的是翻译信息而不是文字，目的是与接受者的沟通。

## 三、翻译的分类

### （一）不同视角下的分类

“翻译”这个术语是一个笼统的概念。广义地讲，翻译包括语言和非语言符号之间的转换。而我们要讨论的翻译一般则集中在语言上，就是将某一语言活动的言语产物转换到另一种语言中去。整个翻译活动可以按照不同的处理方法把翻译分为若干类型。

就翻译所使用的源出语和目的语而言，翻译可分为语内翻译（intmlingual translation）、语际翻译（interlingual translation）和符际翻译（intersemiotic translation）。语内翻译指在同一种语言内部的不同语言变体之间进行翻译。例如，将古代汉语译为现代汉语，上海话译为普通话，四川话译为广东话等。语际翻译就是把本族语（native language）译为外族语（foreign language），或将外族语译为本族语。例如，将汉语译为英语，或将德语译为汉语。符际翻译指各种非语言符号之间的转换。例如，当我们处在一个陌生的语言环境中，即使自己不懂该环境的语言，但当我们看到公路上红绿灯亮了，仍能解读出其含义。

就翻译的活动方式而言，翻译可分为口译（interpreting）、笔译（translation）、机器翻译（machine translation）和网络翻译（online translation）。口译多用于外交会晤、经贸谈判、学术研讨和参观游览等场合。笔译多用于公文往来、商务信息、科学著作和文学翻译等活动。机器翻译主要利用计算机和其他设备进行，人工只起辅助作用。网络翻译则是随着计算机网络的普及而发展起来的一种新兴、快捷的翻译方式，主要依靠网络进行。

就翻译材料的文体而言，翻译可分为新闻文体、科技文体、应用文体、文学文体和论述文体。新闻文体包括新闻报道、电讯、新闻评论等。科技文体包括科学著作、实验报告、情报资料、设备和产品说明等。应用文体包括广告、启事、通知、契约、合同、公函、私信等。文学文体包括小说、散文、诗歌、戏剧等。论述文体包括会科学著作、政治文献、演说报告等。

就翻译活动的处理方式而言，翻译可分为全译、节译、摘译、编译。全译就是把原文原封不动地照译出来，译者不得任意增删或自行改动，但必要时可加注说明或加序评论。节译就是根据原文内容把原文的全部或部分进行节缩译出，但应保持原作内容相对完整。摘译就是译者根据实际需要摘取原文的中心内容或个别章节进行翻译，内容一般是原作的核心部分或内容概要。编译指译者在译出原文的基础上以译文为材料进行编辑加工。

按译文文字的表达方式而言，翻译主要可分为直译（literal translation，word for word translation）和意译（free translation，liberal tranlation）。

## （二）雅各布逊的分类

语言学家、翻译理论家罗曼•雅各布逊（Roman Jakobson，美国）认为，翻译是用另一种语言解释原文的语言符号。（Translation is an interpretation of verbal signs by means of some other language.）他在《论翻译的语言学问题》（*On Linguistic Aspects of Translation*）中，从语言学和符号学的角度，即按所涉及的两种代码的性质，将翻译分为语内翻译（intralingual translation）、语际翻译（interlingual translation）和符际翻译（intersemiotic translation）。可以说，这三种类型的翻译几乎包括了一切语言的交际活动。这种翻译分类也打破了翻译的传统框架，开阔了人们对翻译认识的视野。此后，翻译的领域作为一个概念得到了扩展，翻译方法的研究也开始进入了一个崭新的阶段。下面就来详细分析这三种翻译类型。

### 1. 语内翻译

语内翻译是用同一语言的另一符号来阐释其言语符号。（Intralingual translation or rewording is an interpretation of verbal signs by means of the same language.）换句话说，语内翻译是同一语言间不同语言变体的翻译。或者说，语内翻译就是把一种语言材料用同一种语言换一种说法，即重新解释一遍。语内翻译包括古代语与现代语、方言与民族共同语、方言与方言之间的转换。英语学习中解释疑难句子常常用到的 paraphrase 其实也是一种语内翻译，即同一种语言内部的翻译。

语内翻译不一定要指向某个预设的真理，它还可以沿着不同的路线导向不同的目的地，唯一能够确定的是，对同一文本的阐释有着共同的出发点。在某种程度上，语内翻译不需要将意指对象完整真实地显现出来，它仅是一种表现形式，体现着人类精神的相互沟通和相互阐发的过程，人类精神文化的不断创造过程使人类的文化不断地丰富起来。下面是有关语内翻译的几个例句，通过前后两个句子的对比，我们可以从中理解语内翻译的基本内涵。

例 1：Radiating from the earth，heat causes air currents to rise.

Heat causes air currents to rise when it is radiating from the earth.

例 2：子曰："学而不思则罔，思而不学则殆。"

孔子说："只读书而不思考，会迷惑而无所得；只思考而不读书，会精神疲倦而无所得。"

2. 语际翻译

语际翻译是运用另外一门语言的符号来阐释言语符号。(Interlingual translation or translation proper is an interpretation of verbal signs by means of some other language.) 换句话说，语际翻译是一种语言的符号与另一种语言的符号之间的口头或笔头的转换，如英译汉、汉译英等。实际上，语际翻译也就是人们通常所指的真正意义上的翻译，也可以说是狭义的翻译。

可见，语际翻译是对原文符号在另一种文化中的解读，原文本中所有的符号都置身于一个宏观的文化背景中，或称“非语言符号体系”中。要想达到语际翻译层面的对等，就要使处于源语文化中的符号在目的语文化中进行正确的解读与传译。从符号学的角度来讲，一个语言符号的指示意义由三种意义共同构成：语义意义、句法意义和语用意义。而如何正确地传达出这三种意义便是实现语际翻译的重点所在。例如：

例 1：His criticisms were enough to make anyone see red.

译文：他那些批评任谁都得火冒三丈。

例 2：空山不见人，但闻人语响。返景入深林，复照青苔上。

译文：A hollow mountain sees no soul.

But someones speaking does echo.

As the setting sun penetrates the deep woods.

The reflective tints don on the moss.

例 3：子曰：“学而不思则罔，思而不学则殆。”

译 文：Confucius said，“Reading without thinking results in bewilderment；thinking without reading results in peril.”

3. 符际翻译

符际翻译就是运用非言语符号系统来阐释言语符号。(Intersemiotic translation or transmutation is an interpretation of verbal signs by means of signs of nonverbal sign systems.) 也就是说，符际翻译是语言与非语言符号或非语言符号间的翻译，语言与手势语间的翻译，英语与计算机代码间的翻译，数学符号，音乐符号，美术符号，手势语与旗语间的翻译等都属于符际翻译。例如：

s=vt，即：路程等于速度乘以时间。

南京大学外国语学院许钧教授在湖南大学外国语学院的一次学术讲座中指出，所谓符际翻译就是人类掌握的语言文字、音乐、绘画、舞蹈几种符号之间的翻译。这需要通过感知，领悟音乐、绘画、文字和数理等符号系统。一般来说，掌握的符号越多，符号之间的翻译能力越强，感觉世界的能力也就越强。可见，符际翻译是指原文符号在非言语层面上的解读。它并不传递原文的意义，而是传递对语文的直接感觉，是对作为基于图像符号意义本身特性的翻译。具体来说，符际翻译对等表明了原文与译文的一些相关的物理特征。英汉差异使译文在长度、标点符号使用上难以达到对等，但在符际层面上至少要达到外观结构上的大致对等。

## （三）卡特福德的分类

英国语言学家和翻译理论家卡特福德根据翻译的范围、层次和等级对翻译进行了分类，具体如下。

第一，根据翻译的范围，可将其分为全文翻译和部分翻译。全文翻译是指源语文本的每一部分都要用译语文本的材料来替代。部分翻译是指源语文本的某一部分或某些部分是未翻译的，只需把它们简单移植到译语文本中即可。部分翻译并非节译，而是某些词因为种种原因不可译或不译，只能原封不动地搬入译文。

第二，根据翻译的层次，即语法、词汇、语音、词形等，翻译可分为完全翻译（total translation）和有限翻译（restricted translation）。完全翻译是指源语的语法和词汇被等值的译语的语法和词汇所替换，有限翻译则是指源语的文本材料仅在一个层次上被等值的译语文本材料所替换。

第三，根据语言的等级，即词素、词、短语或意群、分句或句子，可将翻译分为逐词翻译（word for word translation）、直译（literal translation）和意译（free translation）。逐词翻译是建立在单词级上的等值关系，意译“不受限制，可以在上下级之间变动，总是趋于向较高级的等级变动……甚至超过句子的层次”，直译则是介于逐词翻译和意译之间的翻译。

# 第二节 英语翻译的基本原则

## 一、翻译的基本原则

翻译的基本原则，是翻译实践的准绳和衡量译文优劣的尺度。国内外对翻译标准的讨论一直都没有停止过，正是在这场对翻译的标准的讨论中，翻译理论的研究得到不断的发展和完善。因此，我们借用前人的研究成果来指导翻译的实践，即在翻译实践过程中，应遵守以下两个翻译的基本原则，即忠实（faithfulness）和通顺（smoothness）。忠实指正确地理解和表达原文的思想；通顺指译文文字流畅地道。

忠实指译文要准确地表达出原文的思想、内容和文体风格，要再现原文的特色。翻译不是译者的独立创作，而是把原作品用另一种语言表达出来，译者不得对原文进行任何篡改、歪曲、遗漏或任意增删，如果译文与原作不符，那就不能称之为翻译。对译者来说，要实现译文忠实于原作，首先便要对原文有正确的理解，并且吃透原文的词义、语法关系和逻辑关系。例如：

例 1：Scientists defined the temperature requirements necessary for survival the black carp.

原译：科学家们规定了青鱼生存的必需温度。

改译：科学家们查明了青鱼生存所需的温度。

例 2：Such a system must be tailored quite closely to the machines it monitors.

原译：这样的系统必须对监视的机器十分接近地配置。

改译：这种系统的配置，必须十分接近被监控的机器。

例 3：目的是要领导干部年轻化。

原译：The aim is to make our leaders younger.

改译：The aim is to ensure that more young people will rise to positions of leadership.

所谓通顺，指译文语言通顺易懂、自然流畅，符合译文语言的表达习惯，没有文理不通、晦涩难懂等现象。例如：

例 4：Darkness released him from his last restraints.

原译：黑暗把他从最后的顾忌中解放出来。

改译：在黑暗中，他就再也没有什么顾忌了。

例 5：你们谁想参加春游就在星期五之前报名并交费。

原译：You whoever wants to go spring outing please sign up your name and pay dues before Friday.

改　译：Whoever wants to join the spring outing should sign up and pay the expenses before Friday.

例 6：语言这个东西，不是随便可以学好的，非下苦功不可。

原译：Language is something difficult to learn well and to learn it well one has to study very hard.

改译：The mastery of language is not easy and requires pains taking effort.

综上所述，翻译离不开“忠实、通顺”这两条目前翻译界公认的原则。实际上，忠实和通顺相辅相成。忠实而不通顺，读者就会看不懂译文，失去了翻译的意义。通顺而不忠实，脱离了原文的内容和风格，译如不译。

## 二、翻译工作者的基本原则

翻译教学涉及两种相互联系又各有目的的教学模式，即教学翻译和翻译教学。根据我国目前的实际情况和社会需要，我国的外语教学中，无论是非外语专业，还是外语专业，教学翻译和翻译教学这两种教学模式是不能脱离出来的，它们是相辅相成的。

我国各级英语教学中对翻译的基本教学要求正是从翻译的基本原则出发而制定的。从我国英语专业和非英语专业英语教学大纲来看，甚至在各级英语过级考试中，我们可以看出翻译的“忠实和通顺”始终贯穿于英语教学中。

我国高等院校英语专业对翻译的教学要求是分级的，如下所列。

### （一）入学要求

能将内容不超过高三课文难度的短语和句子翻译成汉语，要求理解正确、语言通顺。

### （二）二级

能独立完成课程中的各种翻译练习，要求理解准确、语言通顺。

### （三）四级

能独立完成课程中的各种翻译练习，要求译文忠实于原文、表达流畅。

### （四）六级

初步了解翻译基础理论和英、汉两种语言的异同，并掌握常用的翻译技巧，能将中等难度的英语篇章或段落译成汉语。译文忠实原文，语言通顺，速度为每小时250～300个英文单词；能将中等难度的汉语篇章或段落译成英语，速度和译文要求与英译汉相同。能担任外宾日常生活的口译。

### （五）八级

能运用翻译的理论和技巧，将英美报刊上的文章以及文学原著译成汉语，或将我国报纸、杂志上的文章和一般文学作品译成英语，速度为每小时250～300个英文单词。译文要求忠实原意，语言流畅。能担任一般外事活动的口译。

高等院校英语专业四级、八级考试对翻译的测试要求如下所列。

第一，汉译英项目要求应试者运用汉译英的理论和技巧，翻译我国报纸杂志上的论述文和国情介绍，以及一般文学作品的节录。速度为每小时250～300字。译文必须忠实原意，语言通顺。

第二，英译汉项目要求应试者运用英译汉的理论和技巧，翻译英、美报纸杂志上有关政治、经济、历史、文化等方面的论述文以及文学原著的节录。速度为每小时250～300词。译文要求忠实原意，语言流畅。

我国高等院校非英语专业大学英语教学对翻译的教学要求也是分级的。由于大学英语教学分为基础阶段（一至二年级）和应用提高阶段（三至四年级），全国高等院校非英语专业英语教学大纲对翻译的教学要求也分为两个阶段。

一是基础阶段对翻译的基本要求（达到四级）：能借助词典将难度略低于课文的英语短文译成汉语，理解正确，译文达意，译速为每小时300个英语单词。能借助词典将内容熟悉的汉语文字材料译成英语，译文达意，无重大语言错误，译速为每小时250个英语单词。基础阶段对翻译的较高要求（达到六级）：能借助词典将难度略低于课文的英语短文译成汉语，理解正确，译文达意，译速为每小时350个英语单词。能借助词典将内容熟悉的汉语文字材料译成英语，译文达意，无重大语言错误，译速为每小时300个英语单词。

二是应用提高阶段的专业英语对翻译的教学要求：能借助词典将有关专业的英语文章译成汉语，理解正确，译文达意，译速为每小时350个英语单词。能借助词典将内容熟悉的有关专业的汉语文字材料译成英语，译文达意，无重大语言错误，译速为每小时300～350个英语单词。应用提高阶段的高级英语对翻译的教学要求：能借助词典将有一定难度的英语文章译成汉语，理解正确，译文达意，语言通顺，译速为每小时400个英语单词。能借助词典将题材熟悉的汉语文章译成英语，内容完整，译文达意，语言通顺，译速为每小时350个英语单词。

英语自学考试大纲对翻译的基本要求是能将阅读的材料译成汉语，译文基本正确，文字通顺，笔译速度达到每小时 300 个英语单词。能把结构不太复杂、由常用词构成的汉语句子译成英语，译文基本正确。

可见，忠实和通顺是翻译实践中必须遵守的原则。要达到上述原则，必须不断提高英汉两种语言的水平、掌握丰富的知识，熟悉英汉两个民族国家的社会风俗，了解他们的政治、经济、历史、文化等各方面情况，并且还要掌握一定的翻译方法和技巧。

## 三、翻译工作者的基本要求

第一，翻译人员应具备良好的知识水平。具备包括扎实的汉语和英语功底在内的基础知识和专业知识，这也是翻译工作对译者的基本要求，通晓和掌握汉语与英语的基础知识是从事英汉互译的起码条件。专门知识对译者来说也是很重要的，译者必须懂新闻才能译好新闻文章，懂文学才能翻译出优秀文学作品来。

第二，译者还需具备包括自然科学和社会科学在内的百科知识体系，这类知识体系并无固定的专业范围。另一方面，译者还需了解有关国家历史、地理、政治、经济、军事、外交、科技、风俗习惯、民族心理、文化传统等各方面的基本情况。

第三，译者反应力在两种语言转换过程中的狭隘对等意识。固然，在翻译过程中，两种语言的确存在对等现象。但由于各个民族在自然环境，历史传统、风俗习惯、民族心理和文化传统等方面存在巨大差异，这种差异必然会体现在语言上，即两个民族必然会采用不同的词语或表达方式来描述同一事物或现象。如果一味地追求对等，必然导致译文让读者困惑难懂，无法理解。例如，一旦将英语中的“level”与汉语中的“水平”机械地对等起来，那么汉语的“英语水平”“生活水平”“游泳水平”就很可能译为“English level”“living level”和“swimming level”，而实际上，它们在英语中的对应词是“English proficiency”“living standard”和“swimming skill”。又比如：

例 1：We are here today and gone tomorrow.

译文：我们今天在这儿，明天就到别处去了。

改译：人生朝露。

例 2：The scientific and the metaphysical tempers still pursue their opposite courses.

译文：科学和形而上学的性质仍然遵循着对立的路程。

改译：科学和形而上学仍然分道扬镳，大异其趣。

例 3：The pines on top of the mountain above us looked as if the fingers of their long houghs were folding a white cloud.

译文：山顶上高高的松树看上去好像是他们长长的粗大的树枝用手指抚摸着白云。

改译：我们头顶的山巅之上，苍松挺立，一眼望去，修长的枝条宛如手指在轻轻地抚摸着白色的云朵。

因此，在翻译实践中，切忌望文生义，译者应在准确理解原文的基础上，采用适当的翻译技巧和手段，做到忠实、通顺，用贴切的词语或句子来表达原文的意思。再看几个直译与意译的例子。

例 4：For father know and I know that if you only dig enough，a pasture can be made free.

直译：因为我父亲知道，我也知道，只要挖到一定程度，早晚可以在这里辟出一个牧场。

意译：因为我父亲知道，我也知道。功到自然成。

例 5：I give my youth to the sea and I came home arid give her（my wife）my old age.

直译：我把青春献给了海洋，我回家的时候便把老年给了我的妻子。

意译：我把青春献给了海洋，等我回到家里与妻子团聚的时候，已经是白发苍苍了。

第四，译者应具有爱国主义意识。根据我国的国情，选择好的作品进行译介，运用正确的立场、观点和方法来分析研究和深入理解原作的内容。另一方面，译者还应本着让世界各国人民了解中国的原则，积极对外宣传我们党的路线、方针、政策，宣传我国的社会主义建设成就，宣传社会主义道德、风尚和文化，积极推动对外交流，促进中国人民同世界各国人民之间的友谊。

# 第三节　英语翻译的理论概述

## 一、中国翻译理论研究

### （一）中国近代翻译理论研究

中国现代翻译以西学翻译为主，涌现出一批优秀的翻译家，他们致力于翻译的实践研究，提出了独到的翻译见解和理论。可以说，这一时期是我国翻译理论自成体系的开创时期。

1. 徐寿、傅兰雅的翻译理论

徐寿是我国近代历史上著名的化学家、科技翻译家，他与傅兰雅合译或自译西方书籍 13 种，代表作有《化学鉴原》《化学术数》《化学考质》等，并首创了一套化学元素的中文名称。傅兰雅结合自己丰富的翻译经验，提出了翻译应“不失原文要旨”“易于领会”的翻译标准。这一时期的翻译大家对翻译理论的最大贡献是对科学技术术语的统一工作，从译名统一的原则到科学术语词典的编纂都在翻译史上留下了宝贵的财富。傅兰雅、徐寿等人提出了著名的“译名七原则”。

一是尽可能直译，而不意译。

二是万一不能意译，则要用尽量适当的汉字音译，要建立音译体系，基本词素要固定，要用官话音译。

三是新术语尽可能同汉语的固有形式构建相一致。

四是译名要简练。

五是译名要予以准确的定义。

六是译名在各种场合都要符合原意，不致矛盾。

七是译名要有灵活性。

“译名七原则”的提出对科技名词的翻译和外来科学技术的引入做出了巨大贡献，促进了中国翻译理论的形成；有力地驳斥了汉语难译科技书籍的说法，指出中国人也可以创造新词汇；倡导科技译名统一，并指定译名的具体规则，使得有关地理、物理、化学、医学、数学等科学书籍译成，并广泛流传。

2. 马建忠的翻译理论

马建忠是洋务运动时期的语言学家，他关于翻译的论述主要见于其 1894 年写的《拟设翻译书院议》这篇文章中。他在文中明确指出了翻译对中国反抗外国欺侮，并最后战胜外敌的重大意义和创设翻译书院、展开翻译活动、培养翻译人才的紧迫性。在该文中，马建忠提出了自己的“善译”翻译观：“夫译之为事难矣，译之将奈何？其平日冥心钩考，必先将所译者与所以译者两国之文字，深嗜笃好，字栉句比，以考彼此文字孳生之源，同异之故。所有相当之实义，委曲推究，务审其音声之高下，析其字句之繁简，尽其文体之变态，及其义理精深奥折之所由然。夫如是，则一书到手，经营反覆，确知其意旨之所在，而又摹写其神情，仿佛其语气，然后心悟神解。振笔而书，译成之文，适如其所译而止，而曾无毫发出入于其间，夫而后能使阅者所得之益，与观原文无异，是则为善译也已。”

这段话的意蕴非常丰富、全面，涉及语义学、语用学、文法学、修辞学，以至进入了文化研究的领域。在他看来，“翻译是很难的事情，我们应该怎么翻译呢？平时在翻译训练中就应该培养自己对两种语言的浓厚兴趣，用心思考，一定要先将所要翻译的语言和用来翻译的语言进行仔细的研究和比较，以考察两种语言文字产生的渊源，领悟两种语言相同或相异的缘由。对两种语言相当的意义应加以反复推敲，务必探究其语调的高低，分析其字句的繁简，弄清其文体的变异，了解其内涵细微差异的由来。这样，拿到一本书必须反复阅读，掌握它的精神实质，并且揣摩出它的风格，体会到它的语气，才能消化吸收，写起来得心应手，使译文和原文一模一样，没有分厘丝毫的差别，读者能从中得到与看原文相同的收获，这样的翻译可称得上好翻译”。

马建忠非常注重源语言和文本，强调细致的文本分析，而且推崇翻译中的直译。他的“善译”理论与当代的翻译等值理论如出一辙，建构了中国近代重要译学理论的发展基础。可以认为他是采用以语言对比研究为取向、以翻译对等为中心、注意翻译过程和翻译方法的中国翻译理论家先驱。

3. 梁启超的翻译理论

梁启超是我国近代史上著名的思想家和文学家。梁启超把翻译当作强国之道，目的在于推行维新变法。梁启超在其长篇巨著《变法通议》的第七章（论译书）中指出了译书的两个弊端，“一曰徇华文而失西义，二曰徇西文而梗华读”，即一是由于遵循汉语的表达习惯而失去了原文的文化内涵等，二是由于遵循英语的表达习惯而造成汉语译文的晦涩难懂。

### 4. 林纾的翻译理论

林纾是中国近代翻译史上的翻译大师，也是中国文学翻译事业的先行者和奠基人，被公认为中国近代文学翻译的开山鼻祖。林纾不懂外语，但他仍然和朋友共同翻译了十几个国家的几十位作家的作品。

（1）翻译不易

林纾认为，翻译书籍需抱有严谨、审慎的态度，要想翻译出好的作品，首先译者必须了解原文所引用的历史典故、风俗文化、古籍旧说等知识，同时还需了解源语和目的语之间的异同，在传递源语文化的同时使译文符合目的语的表达习惯，这样才能达到理想的翻译效果。

（2）译文要忠实于原著

林纾认为，译者在翻译外国作品时难免会对书中的内容产生异议，但翻译时仍需忠实于原文，将原文的特征、思想表现出来。

（3）译名统一

林纾在《中华大字典》的序言中阐述其对译名统一问题的看法，汉语中一个字只有一个含义，只有将一个一个的汉字联合起来才能成文。因此，在翻译英文时往往需要耗费大量汉字，再加上由于没有一定的名词，常会和英文原作相左。对此，林纾提出“由政府设局，制新名词，择其淳雅可与外国名词相通者，加以界说，以惠学者”。尽管这个提议并未被当局采纳，但却是他对中国翻译的另一个重要贡献。

### 5. 鲁迅的翻译理论

鲁迅是中国著名的思想家、革命家、文学家、评论家。接下来将具体介绍鲁迅的翻译思想。

（1）翻译目的

鲁迅认为，翻译的目的有两个：为革命服务和供大家参考。鲁迅在《“硬译”与“文学的阶级性”》一文中曾论及“为什么而译”这一问题，他的回答是“为了我自己，和几个以无产文学批评家自居的人，和一部分不图‘爽快’，不怕艰难，多少要明白一些这理论的读者”。鲁迅认为翻译一般的文章和作品是为了供大家参考，而翻译革命的文学作品、科学的文艺理论的目的则是要解剖自己、提高自己，帮助那些不甚了解革命理论却“以无产文学批评家自居的人”，帮助同一阵营里的文学工作者。总的来说，鲁迅认为翻译要“有用”“有益”。

（2）信为主，顺为辅

鲁迅认为，翻译应做到两个字“信”和“顺”，并认为“信”是翻译工作中最重要的，译者应在保证“信”的同时尽量使译文流畅通顺。对于当时有人曾提出的“与其信而不顺，不如顺而不信”的观点，鲁迅在《再来一条“顺”的翻译》中加以批判，并提出了“宁信而不顺”的观点，“这自然是‘顺’的，虽然略一留心，即容或会有多少可疑之点……这才明白《时报》是因为译者不拘泥于‘硬译’，而又要‘顺’，所以有些不‘信’了。倘若译得‘信而不顺’一点，大略是应该这样的……”。

对此人们常常产生一个误解：鲁迅求信而不求顺，但仔细阅读这段话不难看出，“信而不顺”的观点是在相互比较的情况下提出的，是相对的而非绝对的。事实上，鲁迅并未把“信”和“顺”对立起来，并不认为取“信”就要放弃“顺”，而是持“以信为主，以顺为辅”的观点。

（3）直译为主，意译为辅

对于翻译的策略，鲁迅明确提出“直译”的主张，这是针对晚清以来翻译多随意删减、颠倒、附益的不良风气而提出的。

（4）复译有必要

由于晚清时期很多学者乱译、硬译，致使很多读者都不愿意看翻译的作品，并且严重影响了中国读者对原作的认识。

（5）提倡翻译批评

对于当时国内盛行的乱译、硬译现象，鲁迅提出了翻译批评。他不仅指出了以前的翻译批评的不当之处，还对翻译批评该如何开展提出了插多独到的见解，为后来翻译批评的正确发展起到了促进作用。

#### 6. 严复的翻译理论

严复是中国近代翻译史上学贯中西、划时代意义的翻译家，也是我国首创完整翻译标准的先驱者。严复吸收了中国古代佛经翻译思想的精髓，并结合自己的翻译实践经验，在《天演论》译例言里鲜明地提出了“信、达、雅”的翻译原则和标准。

“信”（faithfulness）是指忠实准确地传达原文的内容

“达”（expressiveness）指译文通顺流畅

“雅”（elegance）可解为译文有文采，文字典雅

这条著名的“三字经”对后世的翻译理论和实践的影响很大，20 世纪的中国译者都深受这三个字影响的。

### （二）中国现代翻译理论研究

#### 1. 胡适的翻译理论

胡适是我国现代著名学者、诗人、历史学家、文学家和哲学家。从 1919 年起，胡适陆续翻译了都德、莫泊桑、契诃夫等人的短篇小说，拜伦的长诗《哀希腊》，易卜生的剧本《娜拉》（与罗家伦合译）等西方著作。

胡适也是中国白话新诗翻译的领军人物。他认为，用文言文字译诗，无论做得怎样好，“究竟只够供少数人的赏玩，不能行远，不能普及”。诗歌必须为贫民大众所理解和接受，因此翻译应该做到明白流畅。胡适的诗歌翻译无论在语言、格律上还是意境上都极大地促进了白话的开创和发展。

胡适用十分严肃认真的态度对待翻译，提出了“三负责”之说。他认为，写文章有两重责任：一是向自己负责，二是向读者负责。但翻译文章时却有三重责任：“一是要对原作者负责任，求不失原；二是要对读者负责任，求他们读懂；三是要对自己负责任，求不致自欺欺人。”

2. 郭沫若的翻译理论

郭沫若是中国现代著名的诗人、文学家、戏剧家以及翻译家，其翻译理论主要表现在以下几方面：

（1）风韵译理论

郭沫若在为田汉译《歌德诗中所表现的思想》一文的《附白》中指出，“诗的生命，全在它那种不可把握之风韵，所以我想译诗的手腕与直译意译之外，当得有种‘风韵译’”。“风韵译”理论不赞同移植或逐字逐句地翻译，而是强调“以诗译诗”，认为翻译的过程是两种文化融合的过程，不仅是两种语言的转换，更是译者对原文审美风格的再创造。

（2）生活体验论

对于译者的素质，郭沫若认为，主体性、责任心是译者必须具备的。他认为翻译工作要求译者具有正确的出发点和高度的责任感，一方面要慎重选择作品，另一方面还要以严肃的态度进行翻译。除了责任心以外，郭沫若认为，译者主观感情的投入对翻译工作也十分重要。翻译之前，译者首先要深入了解原文作家和作品，只有这样才能更深刻地了解原文和作者的思想。郭沫若曾说自己在翻译别人的作品时常常和原作者“合而为一”，使自己变成作者，融入作品中去，体会原作的情感与内涵。这种“合而为一”的翻译思想对翻译理论的发展同样做出了重要的贡献。

（3）好的翻译等于创作

郭沫若早期将原作与翻译之间的关系比作处女和媒婆，认为翻译是一种附属事业，贬低了翻译的作用。而随着文学思想转变，郭沫若端正了对翻译的态度，认识到了翻译的重要作用，并指出“好的翻译等于创作，甚至可以超过创作”。翻译有时比创作还困难。因为创作需要一定的生活体验，而翻译却需要体验别人体验的生活。另外，翻译要求译者不仅要有很高的英文功底，还要有扎实的汉语功底。由此可见，翻译其实并不比创作容易。

翻译不是一个简单的工作，而是一种需要创造力的艺术。好的翻译和创作无异，甚至会超过创作。而郭沫若本人在翻译过程中无不关注原作的艺术风格以及精神思想，并将其融入笔端，进行艺术的再创作。只有这样的创造性翻译，才能是真正高质量的翻译。

3. 茅盾的翻译理论

茅盾是中国现代著名小说家、文学评论家、文化活动家。他所倡导的是“神韵”与“形貌”辩证统一的文学翻译批评理论，对中国的文学翻译批评产生了极大的影响。

前面我们提到，晚清时期严复提出了“信、达、雅”的翻译标准，是对中国传统翻译批评影响深远的一种模式，也可以说是晚清文学翻译批评的标准模式。但在实践中，译者与翻译批评者之间互动不够，翻译批评难以真正起到指导翻译活动的作用。而随着五四运动的兴起，中西文化的碰撞为文学翻译以及文学翻译批评注入了新的活力。

茅盾在大量翻译外国文学作品的同时也十分注重中国古代文论中的精华。对于当时文学翻译批评界争论不下的“直译”和“意译”问题，茅盾提出了符合中国传统文化思想的文学翻译批评主张，即“形貌”和“神韵”相结合的辩证统一的翻译批评理论。

对于直译和意译，茅盾曾说道，由于英汉文字不同，对所有文本一律采取直译法很难。译者往往照顾了语言的形式就会导致神韵不足，而照顾了神韵，语言形式又会和原文不同，即“形貌”与“神韵”无法同时保留。尽管如此，“形貌”与“神韵”却又是相反相成的，“单字”“句调”不仅构成了语言的“形貌”，同时也构成了语篇的“神韵”。

茅盾通过中国文论中的“形貌”“神韵”“单字”“句调”概念打破了晚清以来文学翻译批评的限制，他所倡导的“形貌”与“神韵”的辩证统一的翻译批评理论也是对当时争论已久的“直译”和“意译”问题的一个最佳解决办法与完善，这使得中国的翻译批评摆脱了传统束缚，产生了新的生机，极大地促进了中国传统文学翻译批评向现代文学翻译批评转换。

4. 叶君健的翻译理论

叶君健，著名翻译家、儿童文学家，擅长用世界语、英语写作。叶君健通晓英文、法文、丹麦文、瑞典文、世界语等多种语言文字，一生翻译了大量外国文学著作，尤以翻译安徒生的童话而闻名于世。

5. 傅雷的翻译理论

傅雷是中国著名的文学翻译家、文艺评论家，他在《高老头》译序中提出了“神似论”的翻译标准，具体来说对翻译理论的贡献主要表现在以下两方面。

（1）传神达意

傅雷曾说，领悟原文是一回事，而将原文含义用汉语表达出来又是另外一回事。他认为，翻译时要做到“传神达意”必须做到以下三点。

第一，中文写作。傅雷认为，好的译文要给人一种原作者在用汉语写作的感觉，这样原文的精神、意义以及译文的完整性和流畅性都得以保全，也不会产生以辞害意或以意害辞的问题。

第二，反复修改。傅雷对待翻译的态度极其严肃，并以“文章千古事，得失寸心知”为座右铭。傅雷指出，好的翻译离不开反复的锤炼和修改，做文字工作不能只想着一劳永逸，而应该不断地推敲、完善。

第三，重视译文的附属部分。所谓译文的附属部分，即注解、索引、后记、译文序等内容，这些内容都对译文能否“传神达意”有着重大影响。妥善处理这些内容有助于读者更好地理解原文的形式和内容。

（2）神形和谐

傅雷认为，翻译要像临画，重点求神似，形似再次。他将中国古典美学理论运用于翻译之中，用绘画中的“形神论”的观点来对待翻译。傅雷指出，要做到传神达意，仅仅按照原文句法拼凑堆砌是不行的，更重要的是要和原文神似。然而，这并不是说译者可以抛弃原文的形式，而是要在和原文神似的基础上追求形似，不能求形而忘神。神和形是语篇的两方面，二者紧密联系。神依附于形而存在，神又是形的根本意图。因此，二者是一个和谐的整体，其各自的轻重，无法简单地用三七开进行衡量。

形与神的和谐需要译者的创造。傅雷认为，翻译的标准应该是假设译文是原作者用汉语撰写的，并提倡译文必须使用纯粹的、规范的中文，不能声音拗口。另外，为了再现原文的生动内容，体现出时空、语境的差异，傅雷还指出译者必须杂糅各地方言，也可以使用一些旧小说套语和文言。然而，使用方言、旧小说套语和文言的关键在于适当调和各成分在语篇中的作用，避免导致译文风格支离破碎。傅雷的这种将方言、行话、文言和旧小说套语等融入白话文中，从而竭尽所能地转达原文的“神韵”，不能不说是一个创造性之举。

#### 6. 钱锺书的翻译理论

钱锺书是我国著名的作家、文学研究家，他对翻译也有着很多发人深省的论述。“化境说”是钱锺书对翻译理论的主要观点也是最大贡献。“化境”和中国传统文论一脉相承，原指艺术造诣达到精妙的境界，而被钱钟书引入翻译领域中则指原作的“投胎转世”。钱锺书首次提出了“化境说”的翻译观，具体而言，“化”包括以下三方面。

一是转化，即将一国文字转换成另一国文字。

二是归化，即能用汉语将外国文字准确、流畅、原汁原味地表现出来，读起来不像是译本，倒像是原作。

三是化境，即原作的“投胎转世”，虽然语言表现变了，但精神姿致如故。

此外，“化”还需注意以下两方面。

一是翻译时不能因为语言表达的差异而表现出生硬、牵强之感，否则须得“化”之。

二是“化”的时候不能随便去“化”，不能将原文文本中有的东西“化”没了，即虽然换了一个躯壳，译文仍要保留原文的风味、精神、韵味。

“化境”是钱钟书将原本用于中国古典美学的“境界”概念引入翻译领域中得出的一种翻译理论。他指出“境界”是所有学科的共性，是相通的。钱钟书将文学翻译理论纳入文艺美学范畴的做法对于中国文化而言意义深远。“化境说”不仅兼顾了翻译中的语言形式和神韵，还强调了译者的创造性。因此，“化”是翻译的最高境界。

7. 王佐良的翻译理论

王佐良是我国著名的英美文学研究家和文学翻译家。在翻译领域，他是继承中国传统翻译思想和借鉴西方译论，探索我国现代翻译理论的先行者。20 世纪 50 年代起，他以双向翻译从事文化交流和文学研究，把中国戏剧文学名著《雷雨》等作品译成英文，把多种英诗移译为中文，主张以诗译诗，存原诗风貌。他的主要译著有《彭斯诗选》，培根的《论读书》《英国诗文选译集》《苏格兰诗选》等。

20 世纪 80 年代，他在《新时期的翻译观》一文中提出在继承我国传统翻译思想的基础上对外开放的指导思想。他较早提出、引进西方现代语言学科理论，将其付诸中国的翻译理论研究，并提议建立翻译研究的跨学科、综合性途径。王佐良在多篇论文中反复强调他的翻译观点，即译文要忠实原作，译文是原作的灵魂，是整个概念、整片情感、整个作品的意境、气氛或效果。这一观点与西方当代翻译功能主义学派的目的论的观点基本一致。

8. 焦菊隐的翻译理论

焦菊隐是我是著名的戏剧家，杰出的导演艺术家，卓越的文学翻译家和翻译理论家。他精通多种文字，译笔流畅自然，具有独特的戏剧风格。

焦菊隐发现有的译文若是用原文去对照，可能任何一句都没有错，但全段或全篇读完反倒不知道说的是什么。产生这种现象的原因在于译者孤立地理解句子或段落，忽略了原文的整体思想与感情。因此，他发表了著名论文《论直译》，提出了“整体论”的翻译思想，认为译者要建立整体观念，做到整体意义对应，然后再从上而下、由大到小考察每部分的意义，逐步完成各部分的对应。他提出的“整体论”是对篇章翻译理论的一大贡献，丰富了我国的翻译理论和思想，具有重要的理论意义和实践价值。他从哲学的角度科学地论述了词的绝对价值和相对价值，指出一个词在篇章中的意义往往不是它的固有词义，而是它在特定环境（上下文）中的具体所指。他还提出翻译是“二度”创造的艺术。许多翻译工作者经过一二十年的努力，仍未能提升自己的水平，就是因为缺乏“翻译是二度创造艺术”的认识。

## 二、外国翻译理论

### （一）西方现代翻译理论

#### 1. 巴特的翻译理论

巴特翻译过亚里士多德、贺拉斯等许多古希腊、罗马的经典作品，是 18 世纪法国乃至欧洲最富影响力的文学理论和翻译理论家之一。他的代表著作有《论文学原则》和《纯文学教程》。巴特认为语言的普遍因素不是语法，而是语序，语法结构为句子次序所支配。因此如果出现矛盾，语法结构应让位于句子次序。他在《论文学原则》的第五部分着重讨论了翻译的语序问题，并提出了 12 条规则，如应该保留原文思想出现的先后顺序，原作中所有的连接词都应该保留，译文应该使用尽可能相同的篇幅来表达以使译文具有与原文同等程度的明晰，必须在译文中保留原作的修辞手段和形式等。

《论文学原则》集中体现了他对于翻译问题的种种看法，观点新颖，论述精当，是西方 18 世纪翻译理论发展史上一个重要的里程碑。巴特既是一个翻译理论家，同时又是一位积极的翻译实践者。他所译的亚里士多德的《诗学》始终保留原作的语序，句子长短也与原文接近，达到了形式上的对等。

#### 2. 歌德的翻译理论

歌德是享誉世界的文坛巨匠，是近代德国伟大的文学家、翻译家和翻译理论家。他所译的意大利雕刻家切里尼的《自传》、西班牙戏剧家卡尔德隆的戏剧和法国哲学家狄德罗的《拉摩的侄儿》等作品，在整个欧洲文学中都是最有影响的上乘之作。

在歌德看来，翻译是世界事务中最重要、最有价值的活动之一，译者是人民的先知，因此人们应该重视翻译。他认为文学作品包括诗作的可译性之所以存在，是因为不同的语言在其意思和音韵的传译中有着彼此相通的共性。他把翻译分为三类：传递知识的翻译、按照译语文化规范的改编性翻译和逐字对照翻译。歌德的翻译理论是建立在浪漫派的美学基础之上的，因此他认为第三类翻译最好，既能传递原文的信息，又可以体现译文的优美。同时，他还提出不论外国名著是诗体还是散文体，都应使用平易明快的散文体来翻译。歌德的翻译理论，尤其是以散文译诗和三种翻译类型的主张，对德国以及其他欧洲国家的翻译理论和实践都有非常巨大的影响。

#### 3. 洪堡的翻译理论

洪堡是德国的哲学家、教育改革家和语言学家，对德国在 18 世纪末至 19 世纪初成为西欧翻译理论研究中心做出过特殊贡献。《按语言发展的不同时期论语言的比较研究》

和《论人类语言结构的差异及其对于人类精神发展的影响》是他的两部代表性论著。此外，他为自己翻译的古希腊戏剧家埃斯库罗斯的《阿伽门农》写过一篇重要的序言。在这些论著中，他用崭新的观点对语言问题进行了深刻的讨论。

洪堡认为，语言和人类思维、民族精神、文化有着密不可分的关系，语言决定思想文化。他进而提出，可译性与不可译性是一种辩证关系。虽然语言的不同给翻译带来一定的困难，但不同语言之间的翻译是可能的，而且翻译对丰富译入语民族文学和语言起到难以替代的作用。在谈到翻译原则时，洪堡主张把忠实列为翻译的首要原则，但这种忠实必须指向原文真正的特点而不是其他的旁枝末节。

洪堡的最大贡献在于他提出了一种两元论的语言观。尽管在19世纪这种语言观并没有引起重视，但在20世纪，现代语言学家如斐迪南•德•索绪尔（Ferdinand de Saussure）、帕尔西格、加丁姆等在洪堡两兀论的影响下提出了二分法语言观，即语言可以从"语言系统"和"言语系统"两方面来进行分析，奠定了现当代翻译理论的基础。可见，没有洪堡的两元论就没有二分法语言观，也就没有了当今翻译理论的繁荣发展。

4. 施莱尔马赫的翻译理论

施莱尔马赫是一位颇有影响的德国哲学家、神学家和古典语言学家。1813年6月24日，他在柏林德国皇家科学院宣读了一篇长达30多页的论文《论翻译的不同方法》，从理论上阐述了翻译的原则和方法问题。这篇论文至今仍是翻译研究领域具有标志性意义的重要文献。施莱尔马赫在《论翻译的不同方法》中表达了以下几个重要的思想。

（1）翻译可以分为"真正的翻译"和"纯粹的口译"

施莱尔马赫是西方第一个把笔译和口译明确区分并加以阐述的人。在他看来，"纯粹的口译"主要适用于商业翻译，是一种机械的活动，不值得为之付出特别的学术关注。

（2）"真正的翻译"可以分为"释译"和"模仿"

前者主要指翻译科学或学术类文本，后者主要指处理文学艺术作品。二者的区别在于：释译需要克服语言的非理性但可以达到原文和译文之间的等值，模仿可以利用语言的非理性却无法做到在所有方面都与原文精确对应。

（3）译者必须正确理解语言和思维的辩证关系

说话人和语言存在的双重关系。一方面，每一个人都受到所说语言的制约，任何在语言范围之外的东西，说话人都不可能明确地想到，这些概念相互联结的方式和程度都会说话人从小开始习得的语言所安排的；说话人的智能和想象也都由它控制。但另一方面，凡是思想自由、智能独立的人都能创造语言。否则，科学艺术作品的语言就不能从原始水平变化发展到"尽善尽美"的程度。

（4）翻译有两种不同的途径

一种是使作者向读者靠拢，另一种是使读者向作者靠拢。这一思想后来被美国翻译理论家韦努蒂发展为翻译的归化和异化理论，在翻译界产生巨大的影响。

## （二）西方现当代翻译理论

在现当代，国外涌现出了一大批翻译理论学家，他们对翻译的研究大大丰富了翻译理论的内容，拓展了翻译研究的方向，对世界翻译理论做出了巨大的贡献。这里我们就以学派为分类标准，介绍一些具有代表性的学者的翻译理论。

### 1. 语言学派

奥古斯汀以亚里士多德的“符号”理论为基础，提出了语言符号的“能指”“所指”和译者“判断”的三角关系，开创了西方翻译理论的语言学传统。20 世纪初，斐迪南•德•索绪尔（Ferdinand de Saussure）提出的普通语言学理论，对语言和言语、语言的历时和共时进行了区分，提炼出语言符号六对对立统一的性质，深深地影响了其他人文学科，如哲学、人类学、社会学、文化学、历史学、逻辑学、美学等，也极大地影响了西方翻译理论的发展，构筑了此后翻译研究的语言学派的基本框架，为当代翻译研究的各种语言学方法奠定了基础。索绪尔的语言哲学思想为翻译理论研究开辟了新的研究途径，西方翻译学者开始从科学的现代语言学视角来讨论翻译问题，充分运用语言理论来建立自己的翻译模式。翻译语言学派强调翻译过程中的语言现象的研究与分析，着重从语音、词汇、句子、篇章等不同的语言结构层次出发来探询翻译活动的普遍规律。此外，他们以“等值”为理论核心，认为语言和语言之间相互转换的等值方法是解决语言之间翻译问题的根本途径。翻译研究的这一语言学转向是西方翻译理论发展史上出现的第一次质的突破和飞跃，因此在 20 世纪 40 年代到 70 年代初，翻译被纳入了语言学范畴，被视为比较语言学、应用语言学和语义学的一个分支。语言学派在地域上分布较广，代表性学者也很多，下面介绍其中几位学者的观点。

（1）奈达的翻译理论

著名语言学家和翻译理论家尤金 •A. 奈达（EugeneA.Nida，美国）长期供职于美国《圣经》公会翻译部，是公认的现代翻译理论的奠基人，也是语言学派最重要的代表人物之一。从 1945 年开始，奈达共发表 250 多篇文章，著述 40 多部，其著述数量之多，质量水平之高，论述之详尽，系统之完备，在西方翻译理论史上都是空前的。他的代表性专著有《翻译科学探索》（1964）、《翻译理论与实践》（1969，合著）、《语言结构与翻译》（1975）、《从一种语言到另一种语言》(1986，合著) 以及《语言与文化：翻译中的语境》(2001) 等。

奈达于 1947 年发表的《论〈圣经〉翻译的原则和程序》标志着西方语言学派开始对翻译进行“科学”研究。他第一个提出“翻译的科学”这一概念，是“翻译科学说”的倡导者，因此翻译语言学派也被称为翻译科学派。他在语言学研究的基础上，把信息论应用于翻译研究，认为翻译即交际，创立了翻译研究的交际学派。他还就翻译过程提出“分析”“转换”“重组”和“检验”的四步模式。此外，他从社会符号学出发，论述了语言符号的相互依存性及对比意义，把符号的意义分解为“当下”“分析”和“综合”

三个层次，具有操作性。奈达最有影响力的贡献是提出了“动态对等”的翻译原则，进而从社会语言学和语言交际功能的观点出发提出“功能对等”的翻译原则。功能对等是奈达翻译理论的核心思想，在西方翻译理论发展史上占据了重要的地位。

奈达的翻译理论依据扎实的语言学基础对翻译概念及术语进行了科学明晰的界定。同时，其翻译理论的探索经过大量《圣经》翻译活动的实践检验后被证明是行之有效的。理论与实践的相互结合确立了奈达的学术地位。尽管如此，奈达的动态对等原则乃至功能对等原则都过于注重内容而忽视形式，有一定的局限性。如果应用于文学翻译，有可能导致风格的失落和文学性的削弱。

（2）卡特福德的翻译理论

卡特福德（J.C.Catford，英国）在1965年发表的《翻译的语言学理论》一书中探讨了翻译的定义和基本类型、翻译等值、形式对应、意义和完全翻译、转移、翻译等值的条件、语法翻译和词汇翻译、翻译转换或翻译转位、翻译中的垮言变体以及可译限度等内容，从现代语言学视角诠释翻译问题，是翻译理论史上的划时代著作，在世界翻译学界产生了广泛影响。卡特福德的主要翻译理论包括以下几方面。

一是对等值做了较为深入的研究，认为确立语言之间的等值关系是翻译的本质和基础。

二是将翻译界定为“用一种等值的语言（译语）的文本材料去替换另一种语言（源语）的文本材料”，并指出“对等”是关键词，将寻求对等视作翻译研究和实践的中心问题。

三是独创了“转换（shift）”这一术语，并将“转换”区分为“层次转换”和“范畴转换”两种形式。

四是建议采用系统地对比原文和译文，辨别两种语言的不同特征，观察两种语言的限制因素的方法来培训翻译人员。

卡特福德摆脱了传统的印象式翻译研究方法，详尽分析了翻译等值的本质和条件，对语言转换的规律进行了科学的阐述，是20世纪少有的有原创性的翻译理论家。

（3）雅各布逊的翻译理论

著名语言学家罗曼•雅各布逊（Roman Jakohson，美国）于1959年发表的《论翻译的语言学问题》第一次将语言学、符号学引进了翻译学，并从语言学的角度对语言和翻译的关系、翻译的重要性以及翻译中存在的一般问题进行了详尽的分析和论述，为当代语言学派翻译研究的理论方法做出了开创性的贡献，被奉为翻译研究经典之作。在这篇论文中，雅各布逊首次将翻译分为三类：语内翻译、语际翻译和符际翻译，这一分类方式准确概括了翻译的本质，在译学界影响深远。此外，雅各布逊认为翻译必须考虑语言的认识、表达和工具等功能，还必须重视语言的比较，包括语义、语法、语音、语言风格以及文学体裁的比较。

雅各布逊的研究领域十分广泛，这种多领域跨学科的研究使他在沟通欧美语言学的交流中起到了突出作用。其著作《语言学与诗学》入选100位哈佛大学教授推荐的最有影响的书。雅各布逊的语言功能理论给翻译研究提供了超越词汇、句子以外的语境模式，探讨了翻译中语言的意义等值、可译性和不可译性等翻译理论和实践中的根本问题。他对语言和翻译的新颖而全面的论述开启了20世纪翻译研究的语言学派的大门。

（4）纽马克的翻译理论

英国学者纽马克（Newmark）在奈达、卡特福德等人翻译思想的启迪下，将跨文化交际理论和现代语言学的研究成果（如格语法、功能语法、符号学和交际理论等）运用到翻译研究中，形成了自己在许多翻译理论问题上独到的见解和认识。他提出了“交际翻译”和“语义翻译”的概念，还提出自己的一套文本功能及其分类。

在1981年发表的《翻译问题探索》中，纽马克提出的“语义翻译”（semantic translation）和“交际翻译”（communicative translation）两个重要的翻译策略成为西方翻译研究史上的重要里程碑。纽马克认为，语义翻译和交际翻译的区别在于：后者产生的效果力求接近原文文本；前者则在目标语结构许可的情况下尽可能准确再现原文意义和语境。但是在翻译中具体采用哪一种翻译方法还须考虑到不同的文本类型（text-types），这样才能达到效果等值（equivalent effect）。语义翻译法和交际翻译法是纽马克翻译理论的核心所在，也是其翻译理论中最主要、最有特色的组成部分。

此外，他借鉴、修正和补充了雅各布逊的功能模式，将文本功能分为表情功能、信息功能、呼唤功能、审美功能、寒暄功能、元语言功能六种，使文本的功能分析更加系统和完备。

### 2. 功能学派

德国的功能翻译理论产生于20世纪70年代到80年代，当时结构主义语言学对德国译学界的影响越来越大，导致翻译成为语言学的附属品，严重制约了翻译这一学科的发展。理论与实践的严重脱节促使一些学者寻找新的途径，功能学派应运而生。

功能学派翻译理论认为，要想解决翻译研究中的所有问题，不能完全依靠纯语言学理论。因此，他们针对翻译语言学派中的薄弱环节，广泛借鉴交际理论、行为理论、信息论、语篇语言学并接受美学的思想，将研究的视角从源语文本转向目标文本，成为当代德国翻译界影响最大、最活跃的学派。

功能学派翻译理论推翻了原文的权威地位，帮助译者摆脱了传统的对等、转换等语言学翻译方法的羁绊，转而运用功能和交际方法来分析、研究翻译，在翻译理论史上有着重要的意义。它的诞生，标志着流行于20世纪50年代至70年代的结构主义语言学统治地位的结束。下面介绍功能学派中具有代表性学者的翻译理论。

（1）莱斯

莱斯(Reiss，德国)毕业于海德堡大学翻译学院，长期在高校从事翻译教学研究工作，是德国翻译功能学派早期重要的创建者之一，同时也是费米尔、曼塔里和诺德的老师。

莱斯早期的理论研究主要围绕对等概念展开。她认为翻译追求的对等应该是语篇层面的对等，而非词、句的对等，所以主张将翻译策略和语言功能、语篇类型以及文章体裁结合起来考察。但到了后期，在自身翻译实践的启发下她认识到在翻译实践中不可能实现真正的对等，于是她逐渐将研究的目光转向翻译的功能，并和弗米尔一起成为翻译研究功能论的倡导者。莱斯于1971年出版《翻译批评的可能性与限制》一书。在这本书中，莱斯首次把功能范畴引入翻译批评，将语言功能、语篇类型和翻译策略相联系，发展了以原文与译文功能关系为基础的翻译批评模式，从而提出了功能派理论思想的雏形。目前，翻译理论界普遍认为《翻译批评的可能性与限制》一书标志着功能学派的创立。

莱斯借鉴卡尔•比勒（Karl Buhler，德国）对语言功能的三分法，将语篇分为重内容（content-focused）文本、重形式（form-focused）文本、重感染（appeal-focused）文本三个类型。在安德鲁•切斯特曼（Andrew Chesterman，芬兰）的德文版本里，她将这三个类型分别称之为“信息（informative）文本”“表情（expressive）文本”和“感染（operative）文本”。一些翻译理论书籍将这三个类型概括为信息型、表达型和操作型。莱斯认为，不同的文本类型决定不同的翻译方法。每一种语言功能都有一个相对应的语言层面，逻辑功能对应信息层面，审美功能对应表情层面，对话功能对应的是操作层面。能否传达原文的主导功能是评判译文的重要因素。另外，她认为目标文本的形态首先应该由目标语境中所要求的功能和目的决定，功能随接受者的不同而改变。

莱斯的功能类型及其翻译方法超越了字、词、句的层面，力图再造适当的功能效果，以达到交际目的。除此之外，这种分类将文本概念、翻译类型、翻译目的联系在一起，强调任何一种翻译类型都是在特定环境中为特定的翻译目的服务。这些观点为功能翻译理论的形成奠定了坚实的理论基础。但是，莱斯的理论由于自身的局限性受到不少学者的质疑。譬如，语言的功能是否只有三种，不同类型文本之间的界限是否如其所言那样分明，仅凭语篇类型来决定翻译的策略是否可行等，也就是说，莱斯对文本类型的划分只在译文要实现的功能和原文功能对等的时候才有意义。正因为如此，莱斯的功能对等论不被视为常规标准而只被当作特殊标准。

（2）弗米尔

弗米尔（Vermeer，美国）长期从事翻译教学研究工作，是杰出的语言学家。他在莱斯的指导下研究语言学和翻译理论，突破了莱斯的理论局限，创立了目的论。

作为一名有长期翻译实践经验的译者，弗米尔认为翻译不仅是语言符号的转换，而且是一项非言语行为。翻译符号的使用，是为了达到一定的目的，而且会涉及不同的跨文化模式。为此，弗米尔在现代语言学（实用语言学、语言行方论、话语语言学）和美学的启发和影响下，在与莱斯合著的《普通翻译理论原理》一书中提出了以翻译“目的论”为主的基本理论。目的论影响深远，功能学派因此也被称为“目的学派”。目的论坚持三个原则：目的原则、连贯原则和忠实原则。

一是目的原则将行为理论引入翻译理论中，认为翻译行为所要达到的目的决定了翻译所应采取的方法策略。

二是连贯原则具体指语篇内连贯，即译文必须符合逻辑，符合译入语的表达习惯，能够让读者理解，并在目的语文化以及使用译文的交际环境中有意义。

三是忠实原则具体指语篇间连贯，即译文不违背原文，译文和原文存在某种联系，并不要求译文和原文在内容上一字不差。目的论所要求的忠实，其程度和形式是由译文的目的和译者对原文的理解来决定的。

在上述三个原则中，语篇间连贯从属于语篇内连贯，而二者同时受目的原则的统领。也就是说，当目的原则要求语篇间或者语篇内不连贯时，二者都将失去作用。目的论的出现，标志着翻译的研究角度由以语言学和形式翻译理论为主，转向更加倾向于功能化和社会、文化方向，因而成为功能主义翻译理论最核心的理论。

（3）曼塔里

曼塔里(Manttari，德国)是德国籍翻译学者和翻译家，长期在荷兰工作。她借鉴冯·莱特（Gerog Henrik von Wright，芬兰）的行为理论和里宾（Jochen Rehbein，芬兰）的功能语用学提出翻译行为论，进一步发展了功能派翻译理论。1984 年发表的《翻译行为—理论与方法》一书集中体现了她的学术观点。曼塔里认为，“目的语的文本功能并不是从分析原文文本中自动获得的，而是通过跨文化交际的目的，从语用角度达到目的语文本的功能”。换句话说，译文功能与原文功能不同，根据语境做出“功能改变”是译者主体性的体现。功能改变不是例外，而是常态。

此外，曼塔里特别重视行为参与者（信息发出者、译者、译文使用者、信息接受者）和环境条件（时间、地点、媒介）。她对自己理论模式中参与者的角色做了这样的分析：信息发起者可以是需要翻译的公司或个人，委托人是译者的联系人。原文文本的生成者是创作原文文本的人，但不一定与翻译有关。目的语文本的生成者就是译者，而目的语文本的使用者，是具体使用译文的个人。目的语的接受者是目的语最终的受众。从一开始，译者在翻译行为中扮演至关重要的角色，他是跨语际转换的专家和任务的执行者。

（4）诺德

克里斯蒂安•诺德（Christiane Nord，美国）在学术思想上深受莱斯的文本类型学的影响。此外，她积极倡导弗米尔的目的论，认同曼塔里的翻译行为理论，是功能学派目的论的第二代代表性人物。她首次用英语全面系统地介绍了功能学派的各种学术思想，并针对其不足提出了自己的观点。

诺德的研究领域主要涉及功能主义目的论的哲学基础、语篇分析及翻译类型等。她尤其关注译文接受者的研究、双语能力与译者培训、翻译培训的过程、忠诚原则、决定忠诚原则的因素、译者的责任与地位等方面的问题。主要代表作有《翻译中的文本分析》和《目的性行为——析功能翻译理论》。

“功能加忠诚”原则中的“功能”指的是“使译文对译语文化接受者起作用的目的”，而“忠诚”属道德范畴，关注翻译活动参与者之间的关系，强调的是“译者应当把翻译交际行为所有参与方的意图和期望都加以考虑”。诺德提出的功能加忠诚模式其实走的是折中路线。理论上貌似完美，可以自圆其说，但在实际动作中困难重重。再加上诺德使用的是语篇分析的模式，这使她最终不能走出对等的局限。

# 第二章 旅游翻译的相关概述

## 第一节 旅游翻译的概述

旅游业的发展促进了许多行业的发展，其中，文化创意产业的发展最为明显。随着旅游业的不断发展，不同文化间的互动与交流更加频繁；随着经济社会的不断发展，旅游翻译日益受到人们的重视。

改革开放40余年来，我国的旅游业也实现了质的飞跃，开始从原来的旅游资源大国转变为世界旅游强国。

### 一、旅游翻译简述

著名旅游翻译、跨文化交际专家陈刚教授在其所著的《旅游翻译与涉外导游》一书中对旅游翻译作了以下定义：旅游翻译应是为旅游活动、旅游专业和行业进行的翻译（实践），属于专业翻译。概括地说，旅游翻译是一种跨语言、跨社会、跨时空、跨文化、跨心理的交际活动。同其他类型的翻译相比，它在跨文化、跨心理交际特点上表现得更直接、更突出、更典型和更全面。

这个定义准确、全面地体现了旅游翻译实践的特点和理论依托。

依据旅游翻译自身的特点，陈刚教授对这个“专业翻译”进行了以下类别的细分。

按翻译手段分类：导译、口译（视传、交传、同传）、笔译、机器翻译。

按语言和符号分类：语内翻译、语际翻译、符际翻译。

按译出语 / 译出文本和译入语 / 译入文本分类：本族语—外族语、外族语—本族语。

按翻译题材分类：专业翻译、一般性翻译、文学翻译。

按翻译方式分类：全译、部分翻译、节译、摘译、阐译、改译、编译、参译、译述、综述 / 译和译写等。

按旅游翻译者分类：按职业性质分类，可分为机构翻译、旅行社职业翻译、旅行社全职导游、旅行社兼职导游和自由职业导游；按工作区域（或业务范围）分类，可分为机构翻译、旅行社职业翻译、地方导译、全程导译、定点导游和国际导游旅游翻译的作用、形式、运行规律和授课方式，都归属于旅游促销与资源共享两大模块中，二者互惠互利，携手并进。

按照资源服务的人群、资源服务所面向的市场与地域、资源服务的供应方式、资源服务与使用者之间的关系、提供资源服务的行业、资源服务的时间长短、资源服务模块的效用与资源服务的共享方式，可以对经营旅游产业的相关公司进行划分。具体划分方式如下。

按信息服务系统功能分类：启迪性、教育性、信息性、休闲性、促销性、公关性。

按信息服务提供的区域 / 目标市场分类：海外 / 客源地、国内 / 目的地。

按信息服务提供者的身份分类：国际机构、区域机构、国家机构、省市机构、地区机构、企业机构、景区机构、行业机构、媒体机构、旅游者等。

按信息服务提供者的行业类别分类：政府、组织、企业、个人。

按信息服务的对象类别分类：一是全球，即广大公众、潜在旅游者、现行旅游者和重点旅游者；二是区域，即舆情领袖、传播媒介、代理伙伴和政府组织；三是目标市场，即金融机构、社会团体、员工职员和社区等。

按信息服务的对象关系分类：直接为旅游者服务、间接为旅游者服务。

按信息服务的周期类别分类：长期、中长期、中期、中近期、近期、短期、瞬时。

按信息服务内容的精确度分类：高度精准、精准、基本准确、宽泛、泛泛。

按信息服务方式的公开程度分类：公开、隐蔽。

将旅游者这一服务对象作为重心，是旅游资源服务模块内部种类区分的统一原则。因为这些特殊的消费团体的结构多种多样，需求也各不相同，所以旅游资源的课题与方式基本上囊括了实际翻译人员所了解的大部分形式，这就使翻译战术与方式的选择更加多样。

按照旅游市场的现实情况与消费者的需求特征，功能不一的资源媒介、提供资源的相关公司，以及旅游资源服务模型系统的静态旅游资源模块与动态旅游资源模块这两大模块，向需求对象提供相关的服务静态旅游资源模块与动态旅游资源模块这两个模块、提供资源的相关公司、功能不一的资源媒介之间进行互补互助，可以形成旅游资源服务的微观与宏观网络模型。该模型的出现，使得来自不同种族、持不同的消费价值观念、消费时间不同的消费者的逐渐增强的文化与资源需求可以得到有效满足。

功能派的“目的论”强调了文本、篇章的交际传播目的，而事实是这个篇章不会是孤立存在的，其交际传播目的（Objectives）也要与信息服务系统中实现不同的其他文本、篇章共同服务于特定的整体传播交际实践的目标（Goals）。这个整体传播交际实践目标也不会是孤立存在的，也要与信息服务系统中历史的、现实的、未来的交际传播、经营“目标”整合协调，以履行企业的社会和营销使命（Mission）。

科特勒教授强调了 High Touch（高度关注）营销观的特殊意义。旅游翻译宣传的目标性是非常明确的，它是跨越不同文化的准确的宣传交流手段，只有“高度关注”思维的传导和“精准信息”传播战略的展开，才能体现出旅游翻译宣传的实用性：态度决定结果，只有将“高度关注”这种态度与思维摆在第一位，才能实现旅游传播的有效性。“高度关注”或者叫作“高关系”不仅是一种市场现象，也代表着全球步入 2000 年之后，经济发展的层次已经向着全球化前进，文明所展示的是针对旅游消费人员所代表的根本利益的态度问题。只有在资金的大力支持下，才能实现“硬性”促销传播，然而借助大众传播平台来展开这样的传播促销，虽然也具备“High Reach”较高的资源传输效率，但是，很难实现“High Touch”关注度的提升。对特殊需要展开人性化的、友情化的、有个性的、亲情化的传导，是跨文化旅游准确翻译传导的最高追求。因此，将自然科学的成果与现代社会科学的成果运用其中，重视社会的前进与改革，进一步关系到旅游消费者对文化以及物质的需要，创建效率高的信息收集、分析与置换制度，针对现在的、以后的、存在的、虚无的需要，展开科学合理的研究、预判、记录与交流，合理地掌握资源传导的时间、次数、质量和准确度，实现全球化传播、面向大众传播、“小众传播”与有特色的传播。

运行并经营旅游产业时，集团之间、部门之间、集团与部门之间、行业管理部门之间、相关旅游组织之间的沟通，都离不开相关的翻译人员。随着“旅游”的意义与外延的不断扩张，旅游翻译的实际使用范围也变得越来越广阔。

## 二、旅游翻译的原则

由于促销与宣传目的日益多元化、翻译工作者的身份不再单一、旅游翻译的实际操作范围逐渐扩大和沟通宣传目的变得更加精准详细等原因，要求旅游翻译具备原则性的同时，还要制定切实可行的实施准则。和偏重理论的著作翻译、文献翻译、财经翻译和外交翻译相比，旅游翻译更注重实践性。由于翻译文本的水准受到委托方的期待值、资金的支持力度、要求的时间长短、翻译人员的从业经历、管理水平的层次、支持的力度与消费者的特征变化等因素的影响，所以翻译质量检验的准则并非一成不变，而是和市场的现实环境保持一致的。

除此之外，在翻译教学与翻译研究的进程中，所使用的翻译准则是固定不变的、统一的，但是，在实际的翻译过程中，所选择的翻译准则是可以变化的，而非固定不变的。此外，翻译教学研究与翻译实践都是将消费者 / 旅游者 / 委托方或者接受者 / 客户的使用满意程度作为评判准则的。

参考整合营销传播方案的策划形式，严格遵守应用翻译的“达旨—循规—喻人”这三大准则，可以将旅游翻译准则精细地划分为能够进行操作的翻译原则（Translation Brief），将整合营销传播研究所提到的语言环境、微观与宏观文化，特别指定的目标人群的文化特征、心理动态、语言环境，策划的预期目的、所有具象的科目、能够实际操作的项目、策划项目相互间的联系、不同的信息所运用的传播渠道的显著特征等，按照规范的质量管理、人事管理以及程序管理，让翻译人员可以精准确定目标，制作出符合市场环境的、受众喜爱的、委托方满意的翻译作品来。

针对旅游翻译展开研究，对于整个翻译研究来说，具有相当重要的理论内涵从全世界的翻译研究历程中可以看出，经典翻译理论研究与文学翻译理论研究已经形成了一些体系与一些派别，且都是比较完整的理论系统；然而，最近一段时间，应用翻译领域成为翻译理论研究的重大突破点由于旅游翻译理论相关的研究时间不长，所涉及的知识又很多，在当前的经济社会大环境中，对其理论进行升级与突破，正当其时。

## 第二节　旅游翻译的理论基础

随着旅游业的快速发展，旅游英语翻译研究已经得到了有关专家学者的重视。目前，有关旅游英语翻译的文献仍然较少，呈波动增长趋势，在翻译研究领域中占据的比例较小。因此，需要在实践应用中充分发挥旅游英语翻译的指导作用，最大限度地扩大旅游业的宣传力度。

随着我国旅游业的蓬勃发展，旅游翻译实践与研究与日俱增。旅游翻译的准确性关系着其要表达的意思能否被公众准确接受以及接受程度能否达到预期的效果，不仅如此，景区的不规范翻译也会影响景区及其所在城市的形象。

### 一、语言学相关理论

语言学理论是对已知语言现象的概括和总结，是对未知语言现象的揭示和预测。著名语言学家赵元任说：“所谓语言学理论，实际上就是语言的比较，就是世界各民族语言综合比较研究得出的科学结论。”这说明研究语言学的基本方法是比较在旅游翻译的研究中，通过语言对比分析可以发现不同语言结构上的差异及翻译中值得注意的地方，从而进一步加深人们对语言本质和共性的认识，有助于人们借助言语行为相互沟通思想和感情。

#### （一）德国功能翻译理论

德国功能理论产生于20世纪70年代。作为功能派翻译理论的创始人，赖斯(Reiss)在*Possibility and Limitations in Translation Criticism*《翻译批评的可能性与限制》(1971)一书中首次将语音功能与翻译结合起来，提出了“信息型”“表达型”“诱导型”三大功能文本类型。功能翻译派的另一位代表人物诺德提出了“功能＋忠诚”的理论模式。诺德（Nord）认为，没有原文就没有译文，译者应同时对原文和译文负责，对发起者和读者负责。尤金•奈达（Eugene A.Nida）从语言学角度出发，提出了著名的“动态对等”即“功能对等”的翻译理论，他指出翻译时首先在意义上用目的语再现与源语信息最接近的自然的对应信息奈达的翻译理论认为，在词汇意义对等的基础上，翻译的语义、风格和文体也要对等，翻译传达的信息要由浅入深地展现出词汇的文化含义。“动态对等”中的对等包括词汇对等、句法对等、篇章对等、文体对等四方面。在这四方面中，奈达认为意义是最重要的。他认为，由于语言文化上的差异，翻译不可能是原文与译文形式对应功能对等翻译原则的目的是要使译文具有相同的超语言的交际效果，使译文表达得绝对自然流畅，尽量在译文接受者与其本民族文化语境相关的行为与模式之间建立联系，而不是要求读者为了领会译文的意思而远离源语语境文化模式。

以上阐释的德国功能派翻译理论的共同点就是将翻译与语言功能有机地结合起来，重视文本功能在翻译中的作用，这些理论对旅游翻译的重要启示是译者应依据旅游翻译的功能特点和目的选择适当的翻译方法和策略，以实现预期的译文功能和效果。

## （二）法国关联理论

法国语言家斯波伯（Dan Sperber）和英国语言文学家威尔森（Deirdre Wilson）在1986年共同合著的 ***Relevance：Communication and Cognition***（《关联性：交际与认知》）一书中提出了关联理论，他们将语境效果作为“关联”的必要条件和充分条件，并将关联定义为：一个假设当且仅当在某种语境中具有语境效果时，它才在语境中具有关联。他们认为，在关联论中，语境是一个动态的变量在其他条件相同的情况下，语境效果越大，关联性就越强。如果某一假设在特定的语境中没有语境效果，那么它在该语境中就不具备关联性。

关联理论自提出以来，因其强大的解释力，已经在诸多领域中得到了运用，尤其是在翻译实践中得到了广泛的应用。在关联理论的框架内，翻译是一种包含明示推理过程的言语交际行为、而人文翻译是从静态语境进行动态翻译的推理过程，根据一定的推理关联性，大脑机制将密切地更换不同语码，这就是言语交际行为的具体表现。作为语言交际翻译，在源语的理解和翻译过程中，人们对语码的选择所依赖的也是关联性，关联性就是制约翻译的基本原则。

对于旅游翻译来说，关联理论具有明确的指导意义，其重要启示是将翻译过程视为作者—译者—读者之间的交际过程，需要在动态语境中寻求各种信息之间的最佳关系并对交际意图做出正确的推理，最终达到旅游翻译的交际目的。

## （三）象似性理论研究

所谓象似性是语言的能指和所指之间，即在语言的形式和内容之间，存在一种有理有据的并且可以论证的必然联系。认知语言学的象似性就是从语言结构到经验结构的直接映照，它更直接地确立了语言与思维的关系，是从认知方面来研究语言形式的又一种方法。句法的象似性分为成分象似和关系象似。成分象似（Isomorphism）指句法成分与经验结构的成分相对应；关系象似（Motivation）指句法成分之间的关系与经验结构成分之间的关系相对应。成分象似就是语言的一个形式对应一个意义；关系象似体现在句法的三方面，即单位的大小、范畴的划分、结构异同也就是说，简单的概念用简短的形式表达，复杂的概念用较长的单位表达，象似的概念划归同一范畴，象似的概念结构用象似的句法表达。实际上，象似性的研究对解决语言与认知的关系具有重要的意义，不仅是对词汇和句法的研究，而且对旅游语篇翻译的研究也有着指导意义。

### （四）图式理论研究

根据现有的研究，图式（Schema）是一种记忆结构，是一种有层次的知识网络。图式使人的认识受先前经验的影响，人们在接触或认识事物时，取决于头脑中已经存在的图式，图式总是会把新事物与相关的已知事物联系起来，通过大脑的能动反应，激发出能认知和帮助认识新事物的图式，再依靠这些图式来解释、预测、组织外界信息此外，图式可以引导人们正确地比较、预测、鉴定和认识新旧不同的信息，并在新语境中，利用获得的新经验形成新图式。

图式的提法最早见于哲学家、心理学家康德（Kant）的著作。在康德看来，大脑中的知识属于纯概念，而只有图式才是建立在概念与感知对象之间的桥梁。图式是对过去反应或过去经验的一种积极组织。图式是指人类大脑中存在的事物或物体整体的认知结构。形式图式涉及与语言应用形式相关的知识，内容图式则与主题知识对现实世界事件了解的程度以及文化概念有关。根据图式理论的内容与功能不难看出，图式理论可以帮助结合旅游语境中的特殊情况构建旅游语篇。

### （五）格式塔理论研究

格式塔心理学派的创始人韦特墨（Max Wertheimer）曾提出著名的知觉结构原则。格式塔心理学认为译者在翻译时经历了语词到意象再到语词的转换过程。可以说“意义”在很大程度上是由“心理意象”决定的同时，格式塔心理学的核心理论“整体论”认为：整体并不等于各部分简单相加之和，整体功能大于各部分之和，整体制约着各部分的性质和意义。格式塔心理学的“语词——意象——语词”观点以及整体论给人们的启示是：旅游翻译时只有把原作当成一个完整意象（块），才能再造完整意象（块）。如果从原作局部出发，译者收集到的意象势必是残缺不全的，而这些残缺不全的意象即便全部拼合在一起也不完全等于整体，反映在译文中自然是译文的整体画面受到破坏，不能再现原作的整体美这进一步证明了译者在进行旅游翻译发挥自身主体性的时候必须以原作语篇为基本单位 . 树立良好的语篇翻译意识。

### （六）符号学理论研究

符号学是一门研究符号，特别是研究关于语言符号的一般理论的科学。符号学的思想是在 20 世纪初由语言学家索绪尔（Saussure，瑞士）首先提出的，他认为，语言问题主要是符号学问题，要发现语言的真正本质就必须知道语言和其他符号系统有什么共同之处。只有依靠符号学，才能对语言进行恰如其分的界定。符号学理论对人文社会科学产生了巨大影响，提供了人们对人文社会科学认识和研究的多种可能、多种视角。

旅游翻译过程的实质就是信息的转换过程，翻译过程与符号指示过程存在共同点。在历史发展的长河中，一个符号所表征的含义得到了共同的认可，然而，由于不同的文化带来的语言差异，随之导致同一个符号在不同的情境下所指意义的不重叠、不对应、交叉甚至冲突，给跨文化交流带来困难。

### （七）语言顺应论研究

语言顺应论由比利时语用学家耶夫 • 维索尔伦（Jef Verschueren）提出：顺应论认为语言的使用归根结底是“一个不断选择语言的过程，不管这种选择是有意识的，还是无意识的，也不管它是出于语言内部还是语言外部的原因”。语言的选择是人们在不同的心理意识程度下，对语境和语言结构做出动态顺应，从而生成意义的过程。因此，语境因素的顺应和语言结构的顺应，以及顺应的动态过程和顺应过程的意识凸显程度，共同影响着语言使用中的顺应性。

## 二、旅游体验理论

随着人们生活水平的不断提高和旅游消费观念的日益成熟，旅游者已不再满足于大众化的旅游产品，他们更渴望追求个性化、体验化的旅游经历。旅游的本质是一种体验活动，旅游体验是旅游者的内在心理活动与旅游客体所呈现的表面形态和深刻含义之间相互交流和相互作用的结果。人们在开展旅游活动的过程中，不仅扩展了个人视野，还直接地体验到了不同环境的生活，从而可以获取个人生活范围以外的信息对比观光、度假、冒险等诸多方式的旅游，体验式旅游除了给游客提供一种休闲的氛围，让游客感受到轻松愉快之外，更重要的是给游客带来一种异于其本身生活的体验，即为游客提供参与性和亲历性活动，使游客从中感受快乐。

体验式旅游注重个性化与差异化，强调参与过程，使旅游者在旅游中有更多的自主权和自我发挥的空间。该理论对旅游翻译的重要启示是译者在翻译中需要灵活运用翻译技巧，针对不同游客的个体特点，营造体验氛围，使游客美在其中，乐在其中。

## 三、旅游人本化理论

人本主义于 20 世纪五六十年代在美国兴起，20 世纪七八十年代迅速发展，人的尊严、价值、创造力和自我实现的能力，是人本学派的关注重点。人本主义认为，人的潜能具有类似本能的性质。因此，人本主义学派主张把本性的自我实现归结为人的潜能发挥。人本主义认为行为的各种驱动力量促使人向着自我实现的积极目标发展、变化，即人人都要求提高自我并且有实现自我的冲动。人本主义学派主张把人看作一个统一体，从人的整体人格去解释各个行为，把自我实现看作一种先天的倾向。

人本化理论强调“以人为本”的核心价值理念，当今社会，最高的价值目标旨在满足人的发展需求。由于人是社会的主体，是一切活动的根本因素，并且，为了最大限度地发挥人的积极性和创造性，人作为最基本的社会单位，成为考虑一切问题的出发点，人的主观能动性成为社会发展的根本。

人本化理论与功能翻译理论中的目的论原则相一致。目的论强调翻译是一种目的行为，其目的是译文应为目标语读者所理解和接受，这与以往的以原文或原文作者为本不同将人本化理论内涵延伸至旅游翻译领域，就是强调翻译应以目标语读者为本，以受众需要为出发点，译者应考虑到译义的町接受性和义化的特殊性简言之，旅游翻译中应采用以人为本的人性化策略，以目标语受众为主体的翻译原则。

# 第三节　旅游翻译的特色

## 一、旅游翻译的语体特征

语体是适应不同交际领域的需要所形成的语言运用特点的体系：在人们运用语言进行交流与交际的过程中，一定遵循了某种言语的表达规律，这是因为，产生语言的同时会形成与之对应的语体。作为应用语言学科的一个领域，旅游翻译具有很强的灵活性。旅游翻译的形式包括动态翻译和静态翻译，其中，动态翻译注重受众的理解和共鸣，静态翻译关注译文的目的性。对于旅游翻译人员来说，要依据不同的语境进行旅游翻译就必须要多了解一些客源国的历史文化、民俗风情与生活习惯，掌握英语语言知识与人文知识，培养跨文化语言交际能力。语言灵活和语境多样是旅游翻译的两大语体特征。

### （一）语言的灵活性

旅游翻译向大众传播的是一种文化信息，翻译过程具有明确的目的，由于表达形式和内容存在一定的差异，如果不能按照受众群体的文化心理和审美情趣进行翻译，那么，就不能促进旅游业的发展，甚至会造成无法预知的不良后果。因此，旅游翻译要以源语中的词汇、句子、语篇知识为基础，通过引申、模仿、整合等方式获得译文语言。成功的旅游翻译应以灵活简洁的语言深入人心。在翻译时，译者首先应明确翻译内容和服务对象的特点，在遣词造句上把握受众的文化心理，言简意赅，突出主题信息。无论是口译还是笔译都要在受众中产生一种牵引力，能够抓住受众的目光，打动他们的心灵，激发其体验和行动的冲动。此外，译文语言还应风趣幽默，朗朗上口，让人难以忘怀，尤其是口语化的语言更加符合受众的文化心理，易给人以美好的印象和感受。

### （二）语境的多样性

语言的意义确定取决于它所处的语言环境即语境，而且语言的意义会随着语境的改变而改变。语境本身是一种活生生的语言，它不仅可以再现语言的基本意义，而且可以再现特定的文化意义：语言只有与语境相融合才能体现它的活力语境在旅游翻译中起着重要的作用，它决定着旅游翻译的成功与否。旅游翻译是一门具体语境中的语言，离不开具体的语境。特定语境产生的源语，具有重要的含义，不重视源语极容易造成误译。

来自不同国家和地区的旅游者有着不同的文化背景和旅游需求，个性化的旅游者及旅游方式的多样化使得旅游语境不仅多样而且多变。因此，在旅游翻译中，译者除了要重视源语本身的语言因素外，对语言表达起制约作用的非语言因素，也是翻译过程需要关注的重点。译者尽可能多地了解语境因素，仔细推敲源语的意义，根据特定的旅游情景进行语言转换，对游客传递语言文化信息，以提高旅游翻译的有效性和精准度。

## 二、旅游翻译的语篇特色与语义原则

在经济全球化快速发展的过程中，我国与世界各国之间的经济文化交流越来越频繁，到我国来旅游的外国游客数量开始激增，在这种情况下，旅游英语就变得更加重要了。

### （一）旅游翻译的语篇特色

将语篇分析理论运用到旅游翻译实践，语言的交际功能和语境因而成为旅游翻译的两大重点。语言是一种代码，不同的代码形式可以指定具体的或抽象的事物，虽然这些代码由不同的成分组成，但是，它们是一个有规则的系统结构，用这些代码可以表达不同的语义，并且，这些代码创造出的信号具有很强的交际价值，进而形成了一个可以用于交际的语言系统。根据不同代码系统特征所形成的语言，其文字、词汇、语音、语义和语法等也各不相同，通过这些特征不同的语言，可以描述各自的主观世界和客观世界，在建立和保持人际关系的基础上，还可以用语言组织信息，并创造出具有传递意义的语篇。这就是语言的“概念功能”“人际功能”“语篇功能”，其中，语篇功能占据了语言功能的核心位置，因为，在不同的语言或语境中，人的交流只能生成一种与情景相称的语篇：另外，在使用语言的过程中，情景语境的语场、基调（语旨）、语式这三个因素，始终影响着语言的使用效果，作为情景语境的重要组成部分，这三个因素又被称为语域变体（Register Variables）。语场是指正在发生的事，语言描述或谈及的是正在进行的社会活动的性质和特点；基调是指具体的交际者以及这些交际者具有的特点、地位、角色关系等基本情况；语式是指交际过程中语言的作用，包括交际的渠道和修饰的方式。反之，语场、基调、语式又分别对应了语言的三个功能。

在旅游翻译中，语篇的篇内因素和篇外因素共同决定了所使用的翻译技巧。语篇翻译是从一个整体向另一个整体进行理解的过程，其中的句子或词语必须出自这个整体，而不能被孤立，否则就不能视为翻译技巧。所以，旅游翻译不能只追求语法上的对应，更应该着眼于语篇整体的翻译效果。简言之，旅游翻译必须注意语言的交际功能，重视语篇分析、体裁分析等翻译手段，帮助译文读者了解和熟悉旅游翻译的语体特殊性及其规律性，培养其跨义化意识。

## （二）旅游翻译的语义原则

在社会成员的交际过程中，人们共同理解并集体确立的语言意义，被称为语义，俗称约定。无论是在语言学领域还是社会学领域，语义的这种社会性都不允许任何人随意篡改。语言学家利奇（G.Leech）在他著名的*Semantics*（《语义学》）中提出了七种语义类型，有学者利用汉语语义的分类与之进行了简要的对比，并最终发现了英语的理性意义和内涵意义，社会意义和情感意义，反映意义、搭配意义和主题意义，分别对应了汉语的词汇意义（概念意义）、修辞意义、言外之意和语法意义。虽然它们的语音和语法基本相同，但是，语义要复杂得多。它是思维的体现者，是客观事物在人们头脑中的反映，这种反映既有客观性又有主观性。汉英语义分析法都难以划清各种语义类型的界限，而且常有语义重叠现象。

尽管词的语义结构标记远比句法结构标记复杂得多，仍然可以通过语境确定语义。翻译是双语间意义的对应转换，意义是翻译的核心问题。在旅游翻译中，时常会出现诸如指称意义（语言符号与其所描绘或叙述的事物的关系）、言内意义（语言符号之间的关系）和语用意义（体现符号与使用者之间关系的一种意义）等语义丧失的现象。追根溯源，这就是因文化差异所致。文化间的差异使得东西方语言中存在大量的词汇空缺和语义的非对应性，换言之，语义的非对应源于文化间的差异。

语义原则要求译者在旅游翻译实践中不应该强求绝对意义上的对等，要重视汉英文化背景知识，不断探索汉英语言的差异，进行适当的词语转换，从而提高旅游翻译质量，促进对外交流。

# 第三章 旅游翻译文化透视

## 第一节 旅游翻译的跨文化背景

### 一、全球一体化与文化多元化

翻译属于跨文化的一种交流活动，它不仅能够实现对不同语言的转换，也能够实现对政治、经济、文化等内容的交换，促进文化的交融与传播。旅游是一种跨文化交流活动，作为重要的跨文化交流形式，旅游翻译为不同文化背景的人提供了相互了解和交流的机会。文化是一个民族知识、经验、信仰、价值、态度、等级以及时空观念的综合。不同民族在长期的社会实践中形成了不同的文化心理、思维方式和审美观念，进而形成了一定的文化语境。

随着世界经济日趋一体化，我国与世界各国的交流越来越多，从而带动了旅游业的迅猛发展。旅游是一种跨文化交流活动，作为重要的跨文化交流形式，旅游翻译为不同文化背景的人提供了相互了解和交流的机会。同时，跨文化背景也极大地影响着旅游翻译质量。当今社会，“全球一体化”这个词运用甚广。它既可被看作一个过程，又可看作一个既成事实。“全球一体化”意味着将不同文化共同体激活，使之共同参与人类文明建设这样一个过程。“全球一体化”的题中之意包含“文化多元”的新思维。“全球一体化”既有利于“文化多元化”格局的形成，又有助于多元文化之间的相互交流与融合。换句话说，“全球一体化”不仅是一个词语上的变化，它还标志着人类认知模式的转变，隐含着从“西方中心主义”思维向多元思想的转变。

#### （一）“全球一体化”带来的启示

如果从历时性过程审视“全球一体化”，可以发现，“全球一体化”也可以解释为是“西方化”或“现代化”的逻辑延伸。身处当今快速发展的社会，人们对“西方化”的热情已经消减，现代化也不再被视为变相的西方化。但是，不得不承认的是，西方化既是现代化的开端，也是全球化的初始阶段。在世界历史的发展中，近代西方科技和军事力量带给人类世界的影响和冲击是一个不争的事实。那么，既然如此，我们现在所说的“全球一体化”的特殊价值何在？

“全球一体化”带来的影响是巨大的，多方面的，其中的三个重要影响：第一个影响是“自 18 世纪以来作为政治与社会组织的统治形式的单一民族国家的完整性与权力的下降。新的科学技术的发展已经使得商业全球化，因此，作为传统的经济组织所在地的单一民族国家在逐渐失势”。第二个影响是“它带来了许多新型的、建设性的、具有潜在影响力的社会组织以及新的团体”。第三个影响是对人自身的影响。我们用自己的话可以概括为，这三个影响分别对应政治、经济和文化三个层次。全球一体化对人自身的影响涉及文化问题，因为无论什么样的文化，都无不以对人的关怀为自己的主要职责。随着信息时代的来临，新的通信交通工具，新的娱乐方式，特别是国际互联网，对人的生活方式的改变将越来越明显，对人的主观感受也将会产生越来越大的影响。从文化的角度来看，“全球一体化”带来了“文化多元化”。

在全球一体化时代，信息传播与大众传媒的崛起使全球一体化与文化全球化休戚与共。旅游翻译无疑是跨文化的信息传播，同时也是信息跨文化传播的必备工具与渠道。因此，在全球语境下的旅游翻译研究必须摆脱狭窄的语言文字层面的束缚，而置于文化全球化的跨文化语境之中，何况研究旅游翻译本身也是一个跨文化的课题，尤其涉及多种文化互动与比较研究。作为一门新型学科，跨文化研究是跨学科研究的构成要素之一，同样地，人文社会科学也应当将旅游翻译研究作为其旗下的成员之一。跨文化交际研究的时代背景决定了对旅游翻译进行研究这一活动也是跨文化的现象之一。

### （二）中西文化的差异性

随着全球化时代的到来，世界范围内的跨文化交流也随之而来。从跨文化角度来看，文化尽管有其共享维度，即一种文化的价值能够被另一种文化享用，但这种共享不可避免地会出现由跨文化理解的误差形成的变异。换言之，文化差异导致绝对意义上的文化普遍主义是不存在的。我们不要把西方某些观念断定为普遍的权威，而是要把它们看作某些特殊的或地方性的社会生活的表现。也就是说，在跨文化交流中，不能将另一种文化的可共享性简单地视为放之四海而皆准的普适性，而只能将之视为有待本土化的适用性。

文化差异，就是广义的西方文化与中国文化结构上的差异。众所周知，西方现代化进程的重要文化准备的启蒙运动在一定程度上离不开中国传统思想的启发，而在中国本身，传统文化却没有明显将人们引向西方意义上的现代化之路。总之，我们在分析中西文化差异的时候，不能将二者看成“你有我无”的差异，也不能因为“你有我有”就断言中西文化是没有差异性的。应该看到，构成中西文化结构的要素是一致的、相同的，而差异性表现在相同的要素之间的差异，以及由此引起的结构方式的差异，所谓“同素异构”就是这个道理。

面对中西文化的差异性，我们应该找到一种对话的途径。要对话，就要有一个共同的话语环境，有一个共同的游戏规则。如果说，20世纪中外文化关系的特征表现为“冲突”与“交融”，那么在世界多极化发展日趋明显的21世纪，这种“冲突”与“交融”的特征必将被中外文化的“互补”与“对话”所取代。不同语言和文化的差异归根到底是由民族心理差异造成的，同时，语言和文化是不断发展的，注意文化间的类同和差异，顺应文化融合的大趋势，有助于语言的学习和使用。

### （三）对“文化多元化”的理解

就内涵而言，“文化多元化”具有明显的多层次性。在理解“文化多元化”时，可以从这样三个角度切入：第一，“文化多元化”指的是不同民族的文化在全球范围的共同生存与共同繁荣；第二，“文化多元化”指的是某一个单一民族国家中的传统文化在面对其他民族文化时所展现的一种宽容的态度，或是对其中的精华加以借鉴；第三，“文化多元化”是一种创新性思维，它迫使人们抛弃原有的一元式思维，转而形成多元式的思想方法，并以相对论代替绝对论。要谈“文化多元化”，自然逃不过“文化是什么”这个问题。此外，我们要认可文化的整体性概念，即将文化看成一个整体结构；同时我们还要注意，在这个整体结构中，一定存在深层结构与表层结构的区别。文化的深层结构体现着不同民族特征的东西，它既是一种思维和行为模式，还包括民族信仰和价值趋向等，而语言、艺术、哲学等则是它主要的客观性载体。当社会的政治经济发生变革的时候，首当其冲的是引发文化表层结构的变化，并在核心周围构成一道保护地带，这个保护地带保护着文化的价值核心不受摧毁。

正是基于文化深层结构的稳定性，它才在全球性范围内为文化的多元化提供了可能性。当然，在不同的时代，文化核心、文化的深层结构会面临不同的挑战以及做出对挑战的积极回应。但是，以上一切的实现都是一个以固定不变的条件为前提和基础的，即本民族的文化核心可以得到较好的延续和传承，在此基础之上，才可以对本民族有益的异质文化加以吸收和借鉴，实现在单一民族国家中文化的多元化，对异质文化、他者文化的核心价值在本民族国家的存在持一种宽容的态度。

### （四）走向未来的跨文化研究

当今世界，中外文化的交流无论是深度还是广度都将达到前所未有的水平，会更直接、更迅速地触及世界各国、各民族文化，会更频繁地体会到不同地域文化体系的碰撞、冲突、调节和融合。在此基础之上进行世界性的跨文化交流，可以对不同国家文化的差异加以解读，实现本国文化与世界的接轨，这也是文化发展的趋势所在。在当今社会中，人们在衡量人才时，也会不自觉地考察其跨文化交际能力。文化之间不存在一条绝对的界限，而是有着许多重叠的地方，这就为跨文化研究提供了理论上的解释。因为文化对话要进行，必须具备差异性和共同性两个条件，二者缺一不可。只讲差异性而忽视东西文化的共性，就丧失了对话的基础。而忽视差异性只强调东西文化的共性，则可能走向以一种文化取代另一种文化的特点。要么是西方中心主义，要么是东方中心主义，这都不符合对话的要求。

就语言研究而言，其发展从20世纪80年代的“语言研究”、90年代的“文化研究”发展为未来的“跨文化研究”。跨文化研究应该是对文化研究的超越，同时又不是向语言研究的简单回归，而是对语言与文化的辩证综合，追求的是语言与文化，内部与外部，自律与他律的辩证统一。进入21世纪以来，中国与旅游翻译密切相关的对外宣传、出版、教育培训、软件及音像设备的开发等各领域都有了空前的发展，旅游翻译正在迅速壮大，成为一个具有高附加值的产业，成为推动社会发展的一支重要力量。随着改革开放的深入，东西方文化的频繁交流，我国需要更多的能从事旅游翻译理论与实践研究的翻译入才。近十年来，国内旅游翻译研究取得了一些成果，其研究领域主要集中表现在翻译理论探索、语言特征与译技探讨、翻译评论三方面，而且有很大一部分研究以导游语言特征与译技探讨为主。总体而言，我国中译外水平不高，以往只注重西方文化的输入，大量英语著作被翻译成中文，而汉语著作翻译成英文者则寥寥无几，严重忽略了中国文化的自身输出，影响了对外文化交流的正常发展。

跨文化研究的目的是实现对不同语言共同规律的把握，而实现这一目的的手段则需要对不同文化系统中的语言进行认真研究。一是要承认和尊重各民族文化传统背景下语言的各自特性；二是在此基础上，寻找不同语言对话的共同语境和各民族语言个性之中的共性。人类进行交流、表达思想、传递信息，主要依靠语言手段。语言是一种社会现象，每一种语言代表着一种文化，文化对语言的影响波及语言的各个层面，从词汇层、语法层直到语境层无不受文化的影响与制约。由此，文化也必然在跨文化交际中对交际过程产生重大的影响。

## 二、旅游翻译与跨文化交流

21世纪是多学科交叉研究的世纪，跨文化交流显得更加重要。跨文化交流指的是不同文化背景的人与人之间的沟通。在日益频繁广泛的跨文化交流活动中，交际双方往往会感受到不同民族间强大的文化冲突，诸如语言行为、非语言行为等方面会表现出鲜明的文化差异，辐射的范围包括人们的思维方式、风俗习惯、道德准则、审美情趣等。不同文化背景的人进行交流时，对同一事物会产生截然不同的反应，也就是说，不同的语言蕴含着不同的文化。在这个大环境下，我国的旅游翻译也应愈加完善。东西方在语言、文化等方面的差异，导致在旅游翻译时出现诸多问题。不管我们采取什么方式来处理旅游翻译的问题，我们的最终目的都是要促使跨文化交流顺利进行。

## （一）影响跨文化交流的相关因素

全球化的过程就是跨文化交流的过程。以旅游翻译为载体的跨文化交流涉及建筑、服饰、饮食、礼仪、民俗等多方面的文化交流。为了实现更好地交流，提高交际能力，对于语言学习者来说，仅仅学习语言的语法形式还远远不够，还需要了解与该语言密切相关的文化因素，如语义规则、社交用语规范等。换言之，语言学习者在习得完全不同于母语的第二语言时，不能忽略对异国习俗文化的了解和掌握。跨文化交流需要在东西方文化中求同存异，从根本上来讲，只有立足于跨文化交流的语言学习，才能真正培养人的文化交际能力，从而促进旅游翻译的有效进行。

随着世界经济和国际交流的迅速发展，英语已经成为一种的国际性语言，人们之间的交流不仅局限于本地区域，整个世界成了一个地球村。来自不同国家和地区的人们需要用一种国际性语言进行学习、交流及相互了解。语言是社会的交际工具，语言习得是语言交际能力获得的一个过程。外语学习（二语习得）已经成为一种普遍的社会现象。学习第二语言的目的不仅是认识客观世界，更重要的是要借助另一个不同于母语的语言系统与母语系统进行语言文化交流。语言习得是一种语言习惯的形成过程。母语的语言水平、学习动机、语言地位及语言态度等因素都或多或少地影响着第二语言习得及跨文化交流的质量和效果。

### 1. 母语的语言水平

学习者的母语水平不仅包括口语和读写水平，而且还包括最新的语言发展动态、正式语言及学术语言使用特点的培训，以及影响二语习得及跨文化交流的有关不同性别、不同文体及语言句式的知识等。从学术角度上来讲，学习者母语语言知识越丰富，能力越强，那么他掌握第二语言就越容易，跨文化交流能力就越强。

### 2. 第二语言知识掌握

学习者早期对第二语言知识的掌握无疑对跨文化交流有着很大帮助。就像在本国开设外语课一样，在美国的学校课堂上把英语作为第二语言来学习的外国中学生可以通过把自己置身于真正的英语环境里，与说英语的本土人谈话交流以及在课堂上通过正规的学习而学会地道的英语，掌握正式的英语表达方式。以前所掌握的知识类型和知识水平在进行文化交流时值得考虑，譬如，一个英语说得很流利的学生，如果他说的英语是非正式的、交际性的英语，那么说明他的语法知识懂得很少，需要在语法方面加以指导。

3. 语言地位

在考虑中外两种语言的关系时，还要想到与这种语言相关的语言、方言、文化、少数民族群体等。学习者需要在学校学会一种和他们在日常生活中使用的不同的方言或地方语，这就需要他们掌握与他们所熟知的语言句式有很大差别的一些词语句型，同时要把自己视为一个特殊社会群体或语言社区的一员。在面对第二语言的时候，学习者如果第一语言地位不是很高的话，那就会感到他将不得不放弃自己的语言与文化，而把自己融入与目标语相关联的、更具有优势的语言社会。

4. 语言态度

语言学习者、学校、社区及整个社会的语言态度，无论是积极的还是消极的，在很大程度上都影响着第二语言的学习及跨文化交流。对于教师和学生来说，认识了解这些态度是至关重要的。尤其需要明白的是，学习第二语言并非意味着要放弃自己的第一语言或方言；相反，要在自己原有语言的基础上再增加一种新的语言和方言。这点对于正式学习第一语言的学生同样重要。很清楚，这仅仅是标准语与方言的区别。学校教授的是标准语言，然而，在与亲朋好友交谈时往往使用的是非标准用语和非标准方言。如果学生们在校外使用标准语言的话，那么他们就可以掌握一种新的语言或方言，从而了解新的语篇知识，开阔眼界，进而取代已有的交流语言及交流方式。

5. 学习动机

学习动机包括学习目标和学习需要两个因素。学习者的内在动机与人的能力、自制及思想、意识等相关因素有关。由内因促发产生的活动是由于学习者自身的原因，他们的价值观、对活动的兴趣和向自我挑战等因素会使学习者全身心地投入第二语言学习。这种活动无疑向学习者提供了最好的语言学习机会。

6. 学习方式

每个个体在学习第二语言时有着很大的差异，有些学习者仅仅定向于学习只言片语；有些则是从整体上定向，在理解语言的形式和局部意义之前，更加想了解语言的相关知识；有些学习者偏好于视觉定向；还有一些则倾向于听觉感受。学习者的主动性、参与性、独特性、体验性和问题性都不同程度地影响着第二语言的习得与跨文化交流。

### （二）文化传递是跨文化旅游翻译的关键

跨文化旅游翻译是在世界文化研究的大语境下来考察旅游翻译，探索文化与旅游翻译的内在联系和客观规律。跨文化旅游翻译的主体、客体、环境都包含了目的语民族的文化因素，是任何人都回避不了的。为此，必须高度重视文化因素在语言和翻译过程中的重要性，分析揭示语言中的跨文化差异，避免跨文化交流中的误解和冲突，将语言形态和文化内容的翻译融为一体，将社会文化知识渗透到旅游翻译中去，构建文化导向型的翻译模式。为实现从本质上认识和解读跨文化交流的目的，可以在文化导入过程中将文化的内容、文化的精神、文化的语言运用以及文化的规约等相联系，做到由个别上升至一般、由现象深化至本质。

文化传递是跨文化交流翻译中的关键部分。文化传递是指文化翻译的基本准则。文化传递要求译语要从跨文化的角度准确地再现源语所要传达的意义、方式及风格。要准确把握旅游翻译中的文化传递，就必须考虑不同语域的民族文化传统、文化内容和文化心理等要素。之所以说翻译不是一件容易的事情，是因为语言是对一国文化的反映，蕴含着丰富的文化意蕴，在一定程度上也被文化所制约。在交际语境中，存在对文化的理解和表达问题，基于此，作为一名翻译者，最基本的要求就是具备双语能力，且具备一定的双语文化甚至更多的文化储备，要了解两种语言所在国家的社会心理、文化的形成、历史的演变以及传统等。

翻译的过程集跨文化、跨语际的解码和编码为一体，扮演着使用两种语言、在两种文化中进行两次交流传播的双重身份。文化始终是在某种变体的意义上为我们所认知、所把握。每一种文化都在其自身的生命周期中成长着、变化着。翻译受其所在社会和文化环境的制约，要与两种语言打交道，也就不能不与其各自所属的文化相沟通。

### （三）文化是语言使用的必要语境

人类进行交流、表达思想、传递信息，主要依靠语言手段。语言是一种社会现象，每一种语言代表着一种文化，文化对语言的影响波及语言的各个层面，从词汇层、语法层直到语境层无不受文化的影响与制约。由此，文化也必然在跨文化交际中对交际过程产生重大的影响。语言是文化的载体，如果对所学的那门语言的文化背景不了解，那就很难说真正掌握了那门语言。

任何一种语言都是一定社会文化某些方面的反映，主要是该文化的某些特性，某种语言在特定的领域里所占比例较大这一事实使得人们把注意力转向了该词汇所代表的文化。不同的文化有着不同的行为准则，在一种文化里被认同的东西在他种文化里未必也被认同。以审美情趣为例，习惯于欣赏油画的西方人面对中国国画就很难产生与中国人相同的感受。因此，语言学习离不开文化，语际交流中的文化语用失误比语法失误更让人觉得不舒服。语言是文化的产物。汉英两种语言根植于不同的文化土壤，有着不一样的文化背景。为避免交际中的文化冲突，我们需要找到恰当的方法使得语际交流更顺畅，使受众更容易理解。

## 三、旅游翻译与民族文化差异

旅游翻译是一种交际活动，是以一种语言传达另一种语言所蕴含的社会文化信息的转换过程。但是不同语言、文化之间存在很大的差异，如何在翻译中既有语言形式又有文化含义，既要文化交流又要可接受性，是强行输出中国的文化模式，还是迎合英美民族的文化心态，这些都将译者推入是要表层意义还是要深层内涵的两难境地。

双语间文化的交流并不是在不受任何影响的真空状态下进行的，也并不是处在完全平等的地位上进行对话的。文化间的强弱、转型与稳定等客观因素对文化交流造成的干扰或影响则是对其最好的注解。双语间文化的交流要达到全盘被理解、接受与认同尤为困难，双语间政治、文化传统、道德伦理等方面的差异直接影响或左右着双语文化交流的路径、接受方式与认同结果。在这种情况下，译者的翻译是有选择性的，即认同的部分拿走，排斥的部分丢掉。

各个民族的历史发展、思维模式、生活习惯、价值观念、信仰等不同，从而形成民族文化差异。对于中国的语言学习者来说，文化差异就是广义的西方文化与中国文化结构上的差异。语言和文化的差异归根到底是由民族心理差异造成的；同时，语言和文化是不断发展的，注意文化间的类同和差异，顺应文化融合的大趋势，有助于语言的学习和使用。语言学习者语用能力的提高离不开目标语国家的文化因素，这就要运用各种方法，通过各种渠道，提高文化敏感性，培养文化意识，主动自觉地吸收并融入新的文化环境。

请看下面这则翻译：

Wise men of ancient times and successful men of today have told us that labor is sweet.Its reward is not material gain but what one becomes by it.Work does much more for living.The real joys of life come from doing something and doing it well.All of us hope for success，but it is illusive and hard to keep.It nearly always slips away from one like sand through the fingers and like water through a leaky pail，unless it is held tight by hard work，day by day，night by night，year in year out.Everyone who fears failure should work harder and harder with a faithful heart as long as he lasts.

译文：古时的智者和今天的成功者都告诉我们劳动是甜美的。劳动的报酬不是物质上的获得而是我们通过劳动所达到的成就。工作所给予我们的不只是混口饭吃；它赋予我们生命以及活下去的理由。人生真正的乐趣就在于能把所做的事做好。我们都希望成功，但成功却是虚幻且难以维持的。除非你能日日夜夜、年复一年地努力坚守，否则它几乎总会从你身边溜走，就如沙粒从指间滑落，或像水从漏桶流失一样。凡是害怕失败的人应该在有生之年一心一意地努力，再努力。

在上面这则译文里，译者向我们阐释了劳动快乐的理念，反映的正是我们中华文化“劳动光荣”的文化内涵。这是西方文化所没有的。

注重文化差异培养文化意识，首先需要清楚的是不同的文化有着不同的语用原则。在旅游翻译中，译者一定要了解词汇文化差异、句法文化差异及日常习俗文化方面的知识，采取多种方法强化文化意识。注重文化差异就要比较外国和本民族文化的异同。文化的相同，我们称作文化的偶合，如汉语的“同舟共济”，英语译作“in the same boat”。文化的不同，我们称作文化的差异，如汉语的“力大如牛”，英语译作“as strong as a horse”。在翻译中有意识地总结一些有文化背景的词汇和习语，可以帮助译者了解其中的异同，例如“red”一词，无论在英语国家还是在中国，红色往往与庆祝活动或喜庆日子有关，英语里有“red-letter days”（节假日）；在中国，红色象征革命和社会主义等积极意义。但英语中的“red”还意味着危险状态或使人生气，如“red flag”（危险信号）。还有“in the red”不是表示盈利，而是表示亏损、负债。再如，对于中国人和英国人而言,“西方”和“west wind”也具有不同的意义。对英国人而言，当西方吹起的时候，意味着春天的来临，因此，在英国文化中，“west wind”可以理解为万物复苏，是勃勃生机的代表；对中国人而言，当西方吹起的时候，正是凛冽冬日的来临，意味着寒冷和萧条。

此外，不可忽略的是对一些区域性文化差异的进一步了解。有些语言在不同的文化里有着特定的含义。譬如，在拉丁美洲的一些地区，西班牙语中“huahua”的意思是“baby”，而在其他地区却指“bus”。在古巴的一个地区，papaya 是热带水果木瓜，但是在另一地区则指生殖器官。一篇包含很多概念和某个特定的孤立的文化原则的篇章常常难懂，用特定的语言文化去翻译更困难。人们往往习惯于自己的行为方式而不接受其他人以不同的方式表示同一个目的。很多人用敲门表示自己的到来，但是世界上有些地区的人们则是称呼屋里人的名字或者是通过咳嗽、拍手等方式，这些微不足道的区别很少在介绍人类学的书籍或描述文化的卷宗中系统介绍。

如今，人类社会的同化现象越来越少，而异化现象越来越明显。事实上，即使在非洲的部落当中，也很难找到或多或少同化的小社会团体，很少有一个部落的成员有着相同的价值观或者参加同一类型的活动，几乎所有的村子里都有村民前往城里或矿井打工，因而他们带回来的一些思想观念和习惯与原来社区是大不一样的。这种价值观和习惯的异化趋势很快地便蔓延到了其他的行业社会，不同的教育方式、工作方式以及联系方式产生了社会语言方言。社会方言所包含的信息远比我们预想的要多得多，这些词语方言给语言工作者提出了实际问题。

语言是在文化背景中使用的，跨越不同文化背景的语言交际常会因为源语与目的语之间的文化语用差异而产生各种语用失误。要培养译者的跨文化语用能力，不仅要注意语言表达的正确性，还要注意其语境的得体性，重视语言形式的文化意义。正如一位叫作艾米（Amy）的美国工程师所说：“The most difficult thing to get accustomed to was not the different foods or the fact that the stores close at 10：00 p.m.You get used to that.No, it's the culture.”（最困难的事情不是适应不同的饮食和商场都在晚上十点关门，这些你都可以逐渐适应的，最难适应和了解的是不同的文化。）

翻译既是对比的方式，又是对比的结果。旅游翻译活动涉及的核心问题是两种语言间的转换，具体的操作是通过词语的互换互代来完成这一转换的。转换是旅游翻译行为的本质，也是翻译学研究的支点，整个翻译学都是围绕着转换展开的。文化信息是实现语言转换的必要条件，在语言转换过程中，虽然字典和百科全书等扮演了重要的角色，但最为重要的还是人的参与。因此，要想更好地进行语言转换，必不可少的就是到国外去，身处其社会之中，切身感受这一国家的文化。只有置身于目标语国家，才能掌握短语词汇的某些特殊含义。总之，语言只有在它们的文化里才有意义。语言和文化不可分离，若要用英语进行有效得体的交际，就必须培养跨文化意识，使文化习得与语言技能同步进行，不仅要注意语言形式的正确，还必须重视语言运用是否恰当。

如今，随着全球化时代的到来，世界范围内的跨文化交流也随之而来。从这个角度来看，西方价值观念的渗入绝不会是简单的移植，其间必定会发生一个本土化过程。由于各个民族都有其独特的文化，文化作为一种有意识或无意识的价值观或行为观，时刻在控制和指导人的行为。因此，在进行旅游翻译的时候，翻译者需要经历从双语能力的成熟，最终到双语文化能力的成熟这一过程。

## 四、旅游翻译中的文化转向

当前西方学界已有越来越多的学者开始从文化层面上审视、考察翻译，翻译研究正在演变为一种文化研究。这一文化转向对于旅游翻译而言具有重大意义，具体表现在两方面：一是为当代旅游翻译研究打开了新的大门；二是在一定程度上对传统的译学观念发起了挑战，为中国译学的发展展现了一个美好的发展前景，提供了广阔的发展空间。

通过对翻译研究的历史加以分析可以发现，翻译研究在当代社会中已经进入了一个新的发展阶段，开始逐步趋向多元化和跨学科化。就目前的翻译研究而言，以语言本身为对象的研究内容和传统的研究方法已经无法满足翻译的发展需要。在翻译界，大多数翻译理论家也逐渐意识到，如果只是将翻译局限于比较语言学的研究范围，以两种语言结构的不同为切入点来对翻译进行研究已经不再适用。加快多元化、跨学科、实用文体翻译研究不仅是译学研究的发展态势所在，而且也是进行深层次实用文体翻译研究的必然要求。双语交流也就是双语间文化的交流。理想的双语文化交流是一方文化能顺利地进入另一方文化并受到认同，这便是旅游翻译实践中译者为之不懈努力的文化转向。

旅游翻译的基本环节包括理解和表达。理解就是文化信息的解码，是从作者那里获得源语的意义及其承载的文化信息，它以熟悉源语的结构规则和使用规则为前提，不能脱离源语的社会文化因素，是带着理解了的信息，用目标语在其社会文化语境中进行有效交流。它以符合目标语的结构规则和使用规则为条件，于是不能不与目标语所属的社会文化因素相碰撞、相融合。例如，东西方有不同的传统，从人类学和文化学视角来看，信仰是人类文化的一种特殊形态，不同的信仰是不同社会与文化的表现，反映了不同的文化特色。从根本上讲，东西文化的差异来源于东西信仰、观念的不同。在进行旅游翻译时，应当注意体现源语与目标语这两种信仰文化的不同精神实质，必须保留各自的信仰文化特色，不能张冠李戴，闹出笑话。

在过去的翻译中，对中国文化因素的处理主要有两种手法：以源语文化为认同的（异化）原则和以目标语为归宿的（归化）翻译原则。以旅游翻译外宣材料为例，要把大量有关中国的各种信息从中文翻译成外文，通过图书、期刊、报纸、广播、电视、互联网等媒体以及国际会议对外发表和传播。翻译旅游对译者的第一要求是了解中国发展现状，切身感受中国的传统文化，并掌握外国受众对中国信息的具体需求，了解其思维习惯。对外介绍所需要的素材，大多是符合中国的实际国情的，是以外国受众的具体需求为出发点的。对于旅游翻译人员而言，其最应当做的是对外国的文化和心理思维模式进行深入的分析和研究，并发现其与中国文化的不同之处，从外国受众的心理出发进行翻译。

莱布尼兹是德国近代著名的哲学家，他曾经说过，在这个世界上并没有两片完全相同的树叶。不得不说，以上言论具有一定的合理性，但是不能否认的是，虽然世界上没有两片完全相同的树叶，但从本质上而言，它们都是树叶，可以理解彼此的思维模式。同样地，在世界上也没有完全相同的两种文化，但不同文化的本质是一样的，或者说是具有一定的共通性的，它们都是人所创造出来的。通过跨文化交际活动的进行，人可以理解与自己不同国度的人的思维模式与思想特点，进而拓展自己的文化视野，基于此，对自身的文化传统进行重新构建和完善。

# 第二节 旅游翻译的文化语境

## 一、语境在旅游文本中的作用

### （一）翻译中的文化语境

英国社会人类学家、功能学派创始人之一马林诺夫斯基（Malinowsky）于1923年最早提出了“语境”这个术语，“语境是决定语义的唯一因素，脱离了语境，语义即不存在”。(They regard context as the sole determiner of meaning without which meaning does not exist.）后来在论及语境在翻译中的作用时，纽马克（Newmark，英国）指出：“语境在所有翻译中都是最重要的因素，其重要性大于任何法规、任何理论、任何基本词义。”语境在交际中发挥着至关重要的作用，任何交际形态都离不开语境的制约，而且随着文化距离的增大，交际受语境制约的强度也在增大。离开了语境，语言只剩下干巴巴的符号，毫无意义可言。知名学者奈达（Eugene A.Nida，美国）曾指出“大多数的话语理解和表达错误都源于没有考虑好语境问题”，语境在日常交际中的重要作用由此可见。

关于语境的类型，马林诺夫斯基将语境分为两类：一类是文化语境（context of culture)，另一类是情景语境（context of situation)，简单地说，文化语境是指某种语言赖以植根的民族里人们思想和行为准则的综合，情景语境则是指语篇产生的环境。两者是相辅相成的，即文化语境由无数具体的情景语境构成，支配着情景语境。因此，理解原作中的文化语境是做好翻译的首要前提。

文化语境通常是词义引申的最大限度，是间接影响语义的非语言因素。我们常有这种感受，对于一些西方的漫画，尽管能看懂画面上的一字一词，却无法领悟其中的感受，所以笑不出来。而一个外国人看到同样的漫画却忍不住捧腹大笑，为什么会有如此不同的反应？原因就在于文化差异，在于我们不熟悉漫画中体现的西方的社会文化因素。同样，在翻译中若只从某一具体的词、句的表面意义上去考虑，就词译词（word by word)，而不把它放在宏观的文化语境中去考虑，译者就无法很好地传递原作的信息，翻译出来的东西常常会出现词不达意、形合意离、逻辑混乱的现象。

从根本上讲，翻译是文化的交流和碰撞，对于本土文化系统而言，翻译就是异域文化的输入和渗透。在这一过程中，本土文化对外来文化的接受并不是一成不变的，而是依据两种文化的差异度、强弱态势以及本土文化的自我定位等因素对外来文化进行一定程度的吸纳、改造和破坏，因而最终的结果必定是混合了外来和本土两种文化因素的“中间产品”。文化语境对语篇翻译的规约语境与翻译联系紧密，存在于翻译的过程之中。翻译作为一种跨语言、跨文化的交际行为，是指译者把源语文本的语码在其特定语境中传递的信息用译语语码准确地传达给译语文化中的接受者，其经历了两个过程和三和阶段。其中，两个过程包括：一是“信息的编码”（源语）到“信息的解码”（源语）；二是“信息的再编码”（译语）到“信息的再解码”（译语）。信息的解码、信息的转换（再编码）和信息的再解码即翻译的三个阶段，换句话说就是翻译的理解、表达和检验。翻译交际和语内交际一样，都是传递信息的过程，涉及信息编码和解码两个过程。交际双方在一定条件下联系在一起，形成“交际场”，也就是所谓的语言环境。交际活动的顺利开展只有在特定的语言环境中才能实现，进而达到传递信息的目的。因此，语境对语篇翻译的规约作用是不可替代的。

### （二）语境在旅游文本中的作用

任何翻译实践的活动都离不开相关的文化语境。翻译的过程中，译者需要基于目的语的要求重构，而且这种重构要依托于文化语境。一方面，要求译者要对源语的文化语境正确的理解和掌握；另一方面，还要对目的语的文化语境因素进行准确的预测，找到它们之间的重叠、空缺、多余部分，并采取相应措施予以解决，移植重叠部分、修补空缺部分，调整多余部分。在进行旅游英语翻译时，译者使用的语言形式要符合读者的习惯，使译文的读者效应与原文近似，进而使译文读者受到感染，增强信息传递的有效性。只有对译文的语境予以高度重视，才能获得旅游英语翻译预期的效果。

## 二、旅游话语的语境分析

文化作为旅游的核心，是旅游业蓬勃发展的源头和潜能。文化是一种社会现象，是人们长期创造形成的产物。同时文化又是一种历史现象，是社会历史的积淀物。中西方文化在历史、地理、风土人情、传统习俗、生活方式、文学艺术、行为规范、思维方式、价值观念等诸多方面都形成了自己的特色，在进行翻译时要充分考虑到这些文化语境上的差别。

鉴于英汉旅游文体特征和表达风格上的差异，在翻译的理解和表达过程中，译者对原文的实质有一个准确的理解和掌握，结合原文与译文间在社会、文化等方面存在的差异以及各种语境因素，判断和取舍原文的信息和内容，将旅游翻译的功能利用与译语规范和文化标准相符合的语言准确地表达出来，让译语读者喜闻乐见。

在进行双语转换操作时，首先应在语篇层面仔细推敲原文的语体语境因素，弄清原文实质，把握原文的语体和逻辑意义，做到篇章上的语篇对应；其次在词语层面，应体味字里行间意蕴，引申原文内涵，做到词组层面上的对应；最后在翻译时，还应注重读者效应，充分发挥译语优势。

## （一）推敲原文语境因素，弄清原文实质

在旅游翻译过程中，对原文语境因素进行正确分析推理是能否真正理解原文实际意义的关键。因此，读者除了利用自己的语言知识获取句子本身的意义之外，还必须根据原文语境中提供的各种信息进行思辨、推理，找出原作者隐于明说之后的交际意图和语用意义，以形成自己对原作者语篇意义的认知，进而考虑译文读者的需要，确定相应的翻译策略和译文形式。

在对原文进行理解和翻译的过程中，对词语的选择是否准确、恰当是保证译文质量的第一关。对词语的选择并不是去生搬字典释义，不是去死译或硬译，而是把词义置于具体语境中加以思考和分析。翻译中要结合语篇的功能、目的和作者的意向，在确定词语本义的基础上，充分考虑词语的隐含意义（implicative meaning）、语体意义（stylistic meaning）和逻辑意义（logical meaning）等，并在译文语境中注意所选词语的得体性。

例 1：无论乘坐何种交通工具都能迅速到达郑州，下榻此处会让你倍感舒适，这里的住宿条件能充分满足各种档次和品位的需要。

评析：从语体意义上看，原文中“下榻”“档次”“品位”都是目前旅游行业的规范说法。根据上下文的含义和译文的词汇要求，分别理解为“逗留”“预算（消费标准)”和“口味”。因此，可分别译为“Stay”“budget”“tastes”。

译文：Whichever way you choose to visit Zhengzhou，you will reach here quickly and enjoy a comfortable stay，because Zhengzhou has a wide range of accommodation to suit all budgets and tastes.

例 2：这里三千座奇峰拔地而起，形态各异，有的似玉柱神鞭，立地顶天；有的像铜墙铁壁，巍然屹立；有的如晃板垒卵，摇摇欲坠；有的若盆景古董，玲珑剔透……神奇而又真实，迷离而又实在，不是艺术创造胜似艺术创造，令人叹为观止。

原 译：3，000 crags rise in various shapes.They are like whips or pillars propping up the sky；or huge walls，solid and sound；or immense eggs piled on an unsteady boarder；or miniature rocky or curios......fantastic but actual，dreamy but real.They are not artistic works，but more exquisite than artistic works.One can not help marveling at the acme of perfection of nature's creation.

评析：译文虽是英语，深层结构却像汉语，这样华而不实的译文如何唤起读者的好感？其实，原文中大量使用的“四言八句”的平行对偶结构都是汉语旅游文体行文用字的习惯，意在工整对仗，渲染一种诗情画意。只要认真分析，我们就能从原文的“四言八句”中找到有关景点的具体信息。前一部分写景，诉诸意象以造意境；后一部分则“见景生情”“有感而发”，文笔华丽，带有浓郁的主观抒情色彩。翻译时只要化“虚”为“实”，直接将原文中闪现的具体物象逐一译出，结合考虑英语景介的文体特点和规范，就能打破原文形式的束缚，很好地转达原文信息和功能。

改译：3，000 crags rise in various shapes- pillars，columns，walls，shaky egg stacks and potted landscapes......conjuring up unforgettably fantastic images.

这样的译文可能要直观简洁一些，比较符合英语旅游文体和读者的欣赏习惯，也正确传递了原文的实质意义。

例 3：对于久居在一个城市的人，放下经年累月循环往复的工作，带上家人，或约三两好友，到百里千里之外的地方走走看看，总是最有吸引力的选择。况且，又逢秋高气爽的季节，每年国庆长假让人心驰神往的，就是去外地，游山水。不过在这样的旅游旺季出门难免会碰到诸如车票、机票难买、住宿紧张或票价上涨、热门景点人山人海等问题，让你有遭遇“人灾”的烦恼。所以，选定方向和地点，提前做好各种准备，是保证出游好心情的关键。

分析原文语境，可以看出这是一则旅游广告，为强化其功能、感化受众，采用了“煽情”的手法，将广告想要传达的商品信息巧妙地传递给了读者。在翻译过程中，只要抓住这一意图，分解出其中主要的信息，依据英语广告规范和读者阅读习惯（广告以简洁明了为宜，不说与交际目的无关的废话），就能将原文的实际内容在译文中正确表达。

译文：Getting out of town is a great way for urban residents to celebrate the National Day Holiday，especially for those who want to spend quality time with their families.But many people will have the same idea and some difficulties with your trip that can be expected such as a shortage of train tickets，crowded hotels and transit depots.So you'd better take all the possibilities into consideration before you begin your tour.Carefully developing a travel plan can ensure you have a better trip.

短短四句便囊括了原文内容，简洁明了。很明显，译者在全面分析原文语境的基础上，根据各语境因素的提示，策略上采用了“归化”的手法，对原文内容进行了大幅度删减，语义更为浓缩集中，一目了然。

### （二）体味字里行间意蕴，引申原文内通

汉语中旅游景点的介绍一般极具文采，辞藻华丽。汉语的语言表达中，对偶平行结

构和四字成语非常常见，以求行文工整、声律对仗、文意对比，达到音形义皆美、诗情画意盎然的效果。英语旅游文体大多风格简约，结构严谨而不复杂，行文用字简洁明了，表达直观通俗，注重信息的准确性和语言的实用性，最忌啰唆堆砌。大多数情况下，景物描写往往用客观的具象罗列来传达实实在在的景物之美，为求忠实再现自然，让读者有一个明确具体的印象。

由于英汉旅游文体修辞风格上的明显差异，英译文不会也不可能将汉语大段的华丽辞藻和平行结构全盘译出，汉译文也不会做到像英文那样简洁平白而句式紧凑。就旅游文体功能而言，英语的简约风格并不是汉语旅游文本追求的理想形式。其原因在于汉语在对大自然的美丽景色进行勾勒和展示时，常常通过言辞的渲染，营造一种诗情画意的意境，否则就不能很好地实现旅游翻译的功能。

试比较例 4 中两处译文的不同效果。译文 1 采取直译的策略，未考虑到汉语旅游文本的文体特点，平铺直叙，语言苍白无力。而译文 2 进行了适当的改写，大量运用了汉语中的四字格，让读者在领略语言美的同时领略到自然风光的美。

例 4：Its subterranean world holds some of Europe's most magnificent underground galleries.Time losses all meanings in the formation of these underground wonders. Dripstones，stalactites，in different shapes-columns，pillars and translucent curtains，conjure up unforgettable images.

译文 1：它的地下世界形成了欧洲最宏伟的地下画廊。这些地下奇观的形成使时光失去了一切意义。滴水石、钟乳石，形态各异——如梁，似柱，像透明的珠帘，如同魔法变出来的一样，令人难忘。

译文 2：这里的溶洞景观美如画廊，恢宏壮阔堪称欧洲之冠。洞中的奇观异景，其形成过程之漫长，使时光在这里也失去了意义。各种钟乳石形态各异——有的如玉柱浑圆；有的如栋梁擎天；有的如瀑布飞帘，晶莹剔透。大自然鬼斧神工，妙景天成，令人难忘。

同样地，在进行汉英转译时，也要进行视角的转换，将汉语的描述性的、华丽的语言转换成语言简洁、结构紧凑的英语旅游文本风格。一方面，英语表达客观、简约，语言上追求一种自然理性之美，行文用字最忌重复堆砌；另一方面，英语十分讲究句式结构的逻辑层次和有机组合，语法规则十分严格，反映出英语表达逻辑严谨、思维缜密的美学特点。

例 5：当你步入沟中，便可见林中碧海淡荡生辉，瀑布舒洒碧玉。一到金秋，满山枫叶绛红。盛夏，湖山幽翠。仲春，树绿花艳四时都呈现出它的天然原始，宁静幽深。

译文：Limpid lakes and sparkling waterfalls captivate your eyes as you enter the ravine. The trees are in their greenest and flowers in full bloomspring when intensified by colorful flowers.In summer，warm tints spread over the hills and the lakes and in autumn，the maple trees turn fiery red.Tranquility pervades primitive Jiuzhaigou throughout the years.

### （三）发挥译语优势，注重读者效应

由于英汉旅游文体修辞风格上的明显差异，英译文不会也不可能将汉语大段的华丽辞藻和平行结构全盘译出，汉译文也不可能做到像英文那样简洁而句式紧凑。旅游翻译作为一种实用文体翻译，要与译文读者的习惯相符合，使其对美感产生共鸣，进而激发其旅游的冲动，实现招徕游客的目的。就这一层面来讲，译文的读者效应以及源语和译语间功能的传递是翻译所追求的目标。

作为一种以译语文化为归属的应用型文体翻译，旅游译文更应顺从译语文化环境的规范和标准，使译语读者乐于接受并能雅俗共赏。因此，在策略的选择上，归化是较为常用的策略，使文化信息交流中出现的障碍尽量减少，对汉英旅游文体风格上的差异有一个明确的认识，在译文的表达上符合译文读者的口味。比如，在英语中，描绘景物时具有直观清晰、语言简洁的特点，形象鲜明的隐喻应用广泛；而汉语则不同，注重的是诗情画意、声律对仗，一个显著的特点就是善用连珠四字成语和并列结构。面对二者不同的优势，译者决不可津津乐道于原文形式，而应该灵活应变，各展其长，充分发挥译语优势，使译文符合译语文化环境中所期望达到的交际功能，取得译文预期的交际效果。从“目的论”原则出发，旅游翻译应当充分考虑译语读者的认知能力（cognitive acceptance）和心理感受（一种换位思考），在正确传达原文文本信息内容的前提下，有效发挥译文的优势，以增强感染力。

因此，纽马克认为，在对这类文本进行翻译时，译者有权对文本做“逻辑上的改进”，有权用“讲究的”句法结构去替换“笨拙的”句法结构，有权摒弃任何“不合译文要求”的“含糊晦涩”“歧义”以及“同义反复”等语言现象，有权更改文本“个人言语方式上的怪癖”。

例 6：这条通道源于长安城（今天的西安），一路穿越陕西省、甘肃省境内的河西走廊、新疆塔里木盆地、帕米尔山区、阿富汗、伊朗、伊拉克以及叙利亚，最后抵达地中海的东岸，全程七千公里，其中有四千多公里的路段在中国境内。

译　文：The route began at Chang'an City（the present Xi'an），passed Shaanxi Province，the Hexi Corridor in Gansu Province，the Tarim Basin and the Pamir mountains in Xinjiang Autonomous Region，as well as such foreign countries as Afghanistan，Iran，Iraq and Syria，and finally reached the eastern coast of the Mediterranean.Of the route's 7，000 kilometers，over 4，000 were within Chinese territory.

## 三、旅游英汉翻译中的视角转换

### （一）翻译中视角转换的必要性

任何一种语言都与其特定的文化密不可分，它们在悠久的历史发展进程中所形成的表达方式具有独特性。与此同时，读者使用语言不同，所形成的语言表达习惯也具有独特性。因此，对于不同的语言来讲，即便在语义上有相同的地方，但是在表达方式上却有非常显著的差异。这就要求译者在涉及特殊文化背景因素的情况下，利用目标语对源语信息进行重新组织，转换表达角度，使译文与目标语的表达习惯相符合，使读者更容易接受和理解。只有采用必要的变通手段，对传递的信息必要的调整和转换，才能实现译语与源语最大化的等值。其中，常用的变通手段之一就是视角转换。

### （二）旅游翻译中的视点转换

视点分为时空视点、观念视点、叙述视点、知觉视点四类。

1. 时空视点

人们观察或呈现对象世界时所依循的时空角度及位置就是所谓的时空视点，具体涉及时空的起点和移动的顺序两方面。在任何语篇中，时空视点都是存在的，其所起到的重要作用在描述性语篇尤其是叙述性语篇中体现得更加显著。时空视点分为时间视点和空间视点。其中，时间视点主要是运用动词的不同时态对不同时间的状态和行为进行描述，或者是利用时间标记词对语篇中的逻辑关系进行描述；而空间视点则主要是利用空间标记词将语篇的空间逻辑关系表示出来，常见的空间标记词有地点状语、指示代词、指示副词等。

就时间视点而言，汉语依据的是先大后小的视点移动顺序，而英语的视点移动依据的是从小到大的顺序。所以，在翻译的过程中，要转换时间视点。

例 1：乐山是一座拥有独特旅游资源的城市。2001 年 1 月乐山被评为“中国优秀旅游城市”。旅游经济得到持续发展。乐山还被列为“全国 44 个重点旅游城市”之一，名列全国 A 级旅游景点。

译文：Leshan is a city possessing unique tourism resource.Leshan was named“China Excellent Tourism City”on January，2001.Leshan was also listed as one of“44 Major Tourism Cites Nationwide”and ranked as National A-class tourist attractions.

评析：例 1 中，“2001 年 1 月”为汉语文本的时间视点，翻译成英语则为“on January，2001”。这样调整的目的在于弥合英汉时间视点之间的差异，使译文与英语语言的习惯更加符合，增加了文本的连贯性。

就空间视点而言，汉语依据的依然是先大后小的视点移动顺序，而英语的视点移动依据的依然是从小到大的顺序。

例 2：青岛之美，美在其形色神韵，美在其山、海、城的完美结合。山海观光多集中于城区的沿海一线和东部的崂山。

译　文：The beauty of Qingdao consists of its shape，color，look and charm.The beauty comes from the perfect integration of the mountain，the sea and the city.The most of the scenic spots are located along the seashore and the Laoshan Mountain in the eastern part of Qingdao.

评析：例 2 中，“城区的沿海一线和东部的崂山”为原文的空间视点，依据英文的空间视点顺序，将其译为“along the seashore and the Laoshan Mountain in the eastern part of Qingdao”。在英语中后置了汉语中的空间概念，转换了汉语中的空间视点，将文本的逻辑关系体现了出来。

### 2. 观念视点

信仰和价值观等都属于观念视点的范畴，反映了人们对于对象的评价及态度。在语篇中，观念视点是隐性的，对语篇的分析需要解码观念视点，因此观念视点在语篇中的翻译至关重要。一个民族的历史文化、信仰和道德观念等都根植于文化，其语言也相应地打上了民族特有文化和价值观的烙印。请看下面的例子：

例 3：节日期间，家家户户酿米酒，包粽粑，走亲访友。

译文：During the festival，each family makes rice wine and zongba（a kind of dumpling made of glutinous rice）and calls on friends and relatives.

评析：例 3 中，“粽粑”这种食物是中华民族所特有的，在英语中没有与之相对应的表达，译者基于观念视点的转换角度将其译为“zongba（a kind of dumpling made of glutinous rice)”，不仅将其特有的文化色彩保留了下来，而且读者接受和理解也更加容易。

### 3. 叙述视点

叙述视点的叙述泛指任何陈述，陈述的过程就是语篇的体现过程。总体而言，东方人的思维注重悟性，具有较强的主观意识，而西方人则不同，其思维注重理性，具有严密的逻辑。语言是思维的载体，东西方思维上的不同或多多少地会体现在语言之中。因此，事物进行描述时，汉语的着眼点是人称视角，体现的是人的主观意识；而英语的出发点大多是物称视角，强调的是客观叙述。

例 4：她从旷古走来，她那深厚的文化底蕴，是一块祖母绿！她从经济发展的新世纪走来，她的今日风采，是捧给世人的一掬清澈的泉水，记住她的昵称，跟清泉一样亲昵：“泉城”。

译 文：Jinan has been likened to an emerald for its profound accumulation of cultural heritage, and as the new century approaches, looks forward with confidence. Be sure to remember its nickname, the "City of Springs".

评析：在例4中，汉语文本的叙述视角是人称，而译成英语之后，叙述视角变成了物称"Jinan"。在译文中，具有浓厚的客观色彩，而没有了中文文本中的主观感情色彩。

4. 知觉视点

熊沐清认为，知觉视点包括两部分：起始和终结。而知觉的起点和终点对这两部分起支配作用。实际上，知觉视点就是信息的选择和组合。

由于思维和认识方式对于知觉视点的选择具有决定性作用，因此，中西方在知觉视点处理上也具有较大的差异。汉语是意合语言，相较于形式，更加重视意义，是一种螺旋式的思维模式。而英语是形合语言，应用关联词，逻辑严密，是一种直线式的思维模式。因此，中文文本具有较为松散的形式，知觉视点的终点常常是信息的重心所在；而英文文本的行文则比较严密，信息重心置于主语位置，位于知觉视点的起点。如：

例5：在四川西部，有一美妙去处。它背依岷山主峰雪宝顶，树木苍翠，花香袭人，鸟声婉转，流水潺潺。它就是松潘县的黄龙。

译文：One of Sichuan's fine spots is Huanglong, which lies in Songpan County just beneath Xuebao, the main peak of the Minshan Mountain.It has lush green forests filled with fragrant flowers, bubbling streams and song birds.

评析：在例5的中文表达中，其知觉视点的起点处为叙述性语言"在四川西部，有一美妙去处"，而篇章的信息重心"它就是松潘县的黄龙"则安排在了段尾处。相对应的英文文本，则在知觉视点方面进行了相应的转换，对句序重新进行了布局，译者用"which""just beneat""filled with"等词整合了语篇的逻辑顺序，并将"One of Sichuan's fine spots is Huanglong"这个信息的重心置于语篇知觉视点的起点处。

语篇的这四个视点承担着不同的责任，任何一个视点都是其他视点无法替代的。人类所有活动的开展都离不开特定的时间和空间。其中，时间视点为语篇提供了时空框架；观念视点是人们对对象的态度和评价的反映，是言说者价值观和信仰的体现；叙述视点对于语篇的陈述及体现予以高度重视，且描述了言语行为发出者和接受者之间的关系；知觉视点对接收信息过程中选择和组合信息起着制约作用。由此可以看出，视点转换在翻译中的重要作用。在旅游翻译中，视点转换是一个全新的视角，对旅游翻译起着指导作用。

## （三）旅游翻译中视角转换的方法

1. 正反转换

视角转换最常用的方法之一是正反转换，也就是可以对正面翻译不通顺的英语表达从反面来译，对反面翻译不通顺的从正面来译，从译语的优势、可接受性以及可读性方面来衡量，舍弃形式方面的意义对等，保留内容方面的意义对等。

例 6：APEC will have to be non-discriminatory and it will have to seek to be open rather than closed its approach.

译文：亚太经合组织必须一视同仁，并且在态度上必须是开放而不是封闭的。

评析：由于英语是黏着语，可用否定词缀来表示否定意义，如句中“non-discrimination”的 non- 词缀，而汉语是孤立语，如果只是加上诸如“不”“否”“毋”类否定字眼，往往会影响译文的流畅。因此，译文转换视角，将“non-discrimination”译为“一视同仁”。此例中还将“rather than”反译说明，这类暗含“肯定一方否定另一方”意义的词组。又如“more than”“better than”这类词组，大多需要译者转换翻译视角来表述原文意义，使译文更加流畅。

例 7：In the vestibule below was a letterbox into which no letter would go and an electric button from which no mortal finger could coax a ring.

译文：在下面的走廊里，有一个信箱，从来没什么信件往里塞，还有一个电铃，恐怕只有某些东西才按得响。

由此可见，关于视角的正反转换不仅包括肯定与否定的转换，还包括意思相反或相对词语之间的转换。正反转换仅停留在肯定和否定、正向和反向意义之间的相互转换的层次上，但是视角转换包含的内容方面较多，它既可以指肯定与否定之间的相互转换，也可以指其他与原文不一样或者相反的表达。

2. 形象转换

通常在成语和比喻修辞的翻译过程中，视角转换一般在形象的转换中体现出来。形象转换指的是目的语中与译语文化不相符合的形象转化为译语文化中常用的形象，避免给读者造成理解上错误和误解。

例 8：fish in the air 水中捞月

例 9：make a wild goose chase 缘木求鱼

这两例分别将“鱼”转换为“月”，“鹅”转换成“鱼”，自然在很大程度上增加了翻译的灵活性，以便使读者能够接受源语。

例 10：drink like a fish 牛饮

这一例句充分展现了中英文化上的差异。在原译中指的是喝得又快又多，但是如果翻译成“像鱼一样喝水”就会显得生涩难懂，难以理解，也不符合汉语中的习惯表达。如果改译为“牛饮”的话，既没有改变原译的翻译，又借用“牛”的形象作为补偿，也没有降低原译中比喻夸张的效果。

有一点要注意，有些英语的习惯表达在形式形象上与汉语中的表达比较相像，容易让译者联想到汉语中的习惯表达。如：

例 11：move heaven and earth 想方设法

这一习惯表达很容易使人联想到汉语的“翻天覆地”，但它的实际意义是“想方设法”。这说明在视角转换的过程中也应注意表达得体，正确理解原文含义。

3. 虚实转换

英语中用词通常比较抽象概括，词义虚化的方法也是多种多样。汉语中的用词比较具体，语言也形象丰富。两种语言在表达上的差异决定了翻译时应该进行动静之间、虚实之间的转换，以实现译语语言的表意清晰、表达自然顺畅。灵活使用汉语中的表达方法，是译者避免翻译腔的有效手段和必然选择。为了更好地传达原文信息，视角转换还体现在有些情况下英文虚写的必须实译，或者英语实写的地方必须虚译，从而降低语言差别给翻译带来的损失，使译文产生同样的效果。

例 12：满树金花，芳香四溢的金桂；花白如雪，香气扑鼻的银桂；红里透黄，花多味浓的紫砂桂；花色似银，季季有花的四季桂，竞相开放，争妍媲美。进入桂花公园，阵阵桂花香扑鼻而来。

上述文字辞藻堆砌、行文牵强（特别是“花多味浓”“季季有花”两个四字结构，明显是在拼凑四字词，毫无美感可言）。仔细阅读可以看出，这是一则宣传片段。在原文中，作者列举了一些名贵花卉，其实是在表达“物以稀为贵”，这样能够起到吸引观众的作用。另外在语篇策略上，运用了中国人熟知的四言八句式（但仍显牵强），借此来迎合汉语读者的欣赏习惯，以便获得最佳的表达效果。因此，在翻译时去掉一些不符合译文习惯的原文表达形式，突出信息内容的表达，结合考虑社交语境的筛选功能，就可对原文进行大胆删减和改写，化“虚”为“实”，以保证译文的通达与简洁。

译　文：The Park of Sweet Osmanthus is noted for its profusion of osmanthus.Flowers from these trees in different colors are in full bloom，which pervade the whole garden with the fragrance of their blossoms.

一个好的翻译者不仅想着把原义怎么表达出来，更应该思考怎样更好、更贴切地把原译表达出来。译文源于原文，要以原文为本，但是在表达上可以不局限在原文固有的表达方式，一句话总结就是“系于意而不系于文”。

在英语表达中，一般使用抽象、概括性的表达方法，汉语一般使用具体形象丰富的表达方式，因此，在语言表达方面，英汉两种语言存在很大差异。英语文本经常会使用虚化、抽象的表达，因为英语中有大量的词义虚化手段，如使用虚化词缀构词，或使用介词短语等。抽象词语在现代英语中是使用频率最高的，它既能够使表达简练，也是由于抽象词语模糊的含义可以掩盖说话者的真实意图。

在汉语表达中，汉语表达缺少相应的词义虚化手段，所以常常使用具体的表达方式来表义。汉语表达一般使用表达较为具体、表义清晰、语言形象较为丰富的表达方法。因此，在实际翻译中，通常要进行动静、虚实之间的转换，将抽象向具体引申，从而使译文语言地道、自然。

# 第四章　旅游翻译的文本研究

## 第一节　旅游翻译英汉文本的差异性

旅游常常被认为是社会科学的“研究领域”，是经济学家和营销学家感兴趣的话题。然而，语言在创造“旅游者的凝视”方面起着重要的作用，从事旅游工作的每位专业人士都需要精通“旅游语言”。

### 一、英汉语言的异同

#### （一）英汉语言的相同之处

英语属印欧语系（Indo-European Language Family），汉语属汉藏语系（Sino-Tibetan Language Family）。虽然汉英两种语言属于不同的语系，但还是有许多共同点。

1. 两种语言都有分析型语言的特征

分析型语言是指语言中的语法关系主要不是通过词语本身的形态变化来表达，而是通过虚词、词序等手段来表达。仔细考察英汉两种语言就会发现，英语的语序和助词以及汉语的语序和虚词在句子的构成和语义表达上都有重要的作用。当然，这种相似性仅仅是相对的。汉语的词以词根形式出现，缺乏能够表示语法意义的形态变化。汉语又具有黏着型语言的特征，词的构成依靠词素的黏着，如国＋富→国富＋民强→国富民强。英语则同时具有综合性的特征，通过丰富的形态变化表达语法意义，如名词的复数形式、动词通过形式变化等，进而形成以动词形态变化为主轴的句法结构模式，意义紧紧与句法形态相结合。

2. 两种语言都有完备的拼音体系

英语属拼音（alphabetic）文字，拼音是英语的基本书写形式。汉语拼音的发明给汉字的学习和音译带来了极大方便，也大大促进了英汉语言之间的融合。很多汉字以拼音的形式进入了英语，如“kung fu（功夫）”“tofu（豆腐）”等。同样的，一些英文单词在汉译的过程中，也通过拼音的媒介进入了中文，如“typhoon (台风)”“sofa (沙发)”等。当然，由于汉语本身的主体书写形式是以表意（ideographic）文字的形式呈现，在汉译英时就无法再现汉字象形和指事会意带来的美感以及它们给读者带来的联想，尤其是汉字书法之美，更是丧失殆尽。

3. 两种语言都注重调值在发音中的作用

汉语属声调语言（tone language），重视声调对区别或改变汉字意义的重要作用。如：妈（mā）、麻（má）、马（mǎ）、骂（mà）。而英语属于语调语言（intonation language），重视整体语调对于句子语法意义或句法功能的改变。英语单词没有固定的声调，一个单词可以读成不同的声调而不会改变其词义。当然，需要注意的是，英语句子必须有语调，而且语调对于表达思想感情起着非常重要的作用。汉语句子虽然也有语调，但由于汉语每个字都有固定的声调，语调就必然受到相当大的限制，实际上是在字调上加语调。

4. 两种语言在词类划分上存在相似性

若以句法特征为分类依据，那么词包含实词与虚词。与汉语相同，英语中也是实词多、虚词少。然而虚词却有较高的出现频率。实词包括名词(noun)、形容词(adjective)、动词（verb）、副词（adverb）、数词（numeral）、代词（pronoun），虚词包括介词（preposition）、连词（conjunction）、感叹词（exclamation）。英汉两种语言在词类上相差不多，词在句中的句法功能也极为相像。

（1）名词

表示人、物、事、地点等名称的词是名词，所以，词只要有上述功能或者相类似的功能都属于名词。名词又有普通名词与专有名词之分，普通名词又包括可数名词、不可数名词、具体名词与抽象名词。英汉名词的不同点在于英语名词可加冠词，有复数形式，汉语名词可以用数量词修饰，英汉名词在句中的句法功能极为相似，都可以作主语、表语、宾语和定语，也可以和介词一起构成介词短语。

（2）动词

表示人或事物等动作或存在状态的词是动词，所以，词只要有上述功能或者相类似的功能都属于动词。动词又有实义动词与助动词之分。助动词有可能、应该、愿意之类的意思。实义动词还可以分为及物动词和不及物动词两部分。

例 1：He was shivering all over.

译文：他全身发抖。(不及物动词)

例 2：Shakespeare compared the world to a stage.

译文：莎士比亚把世界比作一个舞台。(及物动词)

有些及物动词是双宾语动词，可带两个宾语，即直接宾语和间接宾语。两个宾语意义上前一个一般指人。后一个一般指物或事情。

例 3：My mother bought me a birthday present.

译文：妈妈给我买了一份生日礼物。

部分给予类动词句法行为完全一样，整个结构的意义也一样，因此可以相互直译。如：

例 4：He is teaching us English.

译文：他教我们英语。

例 5：He told me his story.

译文：他告诉我他的故事。

直接宾语可以是一个从句形式。

例 6：John asked me what time the meeting would end.

译文：约翰问我会议什么时候结束。

（3）人称代词都分单复数

如：英语单数“I，you，he（she）”，复数“we，you，they”；汉语单数“我，你，他（她）”，复数“我们，你们，他们”。同时都在性别上做了区分，比如“he，she，it”“他，她，它”。汉语有些代词并不实指某人某事，而是虚指，比如“你一言，我一语，越说越高兴”，这里的“你”“我”指的不是确定的对象。在英语中也存在相似的情况。比如“He who laughs last laughs best”，句中代词“He”泛指某人，指代上文未出现或者不知性别的人。

（4）形容词

在英语与汉语中都可以被副词“very”（很）修饰，还可以修饰名词（作定语），也可故于表语处。

例 1：The children are very happy.

译文：孩子们非常高兴。

（5）副词都具有修饰动词与形容词的作用

例 1：Mary is always late for class.

译文：玛丽上课常常迟到。

例 2：This is a very interesting story book.

译文：这是本非常有趣的故事书。

（6）虚词有很多相同点

第一，虚词通常是实词和语句的附属词用来体现语法的意义；第二，在只有虚词的情况下不能构成语句，虚词也不能单独成为句法成分；第三，虚词不能重叠使用。以上所有特点都是因为虚词本身不存在意义。由于汉语在表达语法意义时并不会产生实词的形态变化，因此只有通过虚词与语序才能够体现语法意义的变化，虚词的重要性就得以体现。同时，虚词属于封闭类型的词，每种词都有一定的数量，却比实词用得频繁，比如“的”这个助词基本上每一个句子都会用到。虚词若属于同种类型，则它们之间有相同性，但是每一个虚词又有独特性，其中有些虚词同时具有多种语法意义。在英语中，虚词同样不能单独作为句子成分，冠词只有放于名词前边才能够产生实际意义。介词只有与代词或者名词一起形成介词短语才能在句中担当一个成分。连词不能单独成为句子成分，但是可以连接词与词、短语与短语、句子与句子。感叹词主要表达说话人的感情，但是不属于句子成分，它和后面的句子在意思上有关联，后面的句子一般用来说明感情产生的原因与性质。此外，英汉两种语言中都有些词经常具备两类或两类以上的语法功能。

例 1：In the middle was a round table.

译文：(形容词) 中间是个圆桌。

例 2：He looked round in astonishment.

译文：(副词) 他吃惊地看了看自己的四周。

（7）词义变化上的相似性

影响词义引申的一个要素就是人类的思维方式。不同民族的思维模式尽管存在差异，但也存在很多共同之处。例如，人类在思考时习惯于简单到复杂，具体到抽象，由近及远，由此及彼。词义也一样，一般地说，一个词在最初时的意义都是简单、具体的，之后人们在这些具体简单的意义上产生联想，慢慢发展成更多的抽象意义，由此，单义词就变成了多义词。举例来说，汉语中，头、手、口、足指的都是人身体的一部分。然而由于人们在词义上进行联想，这些词的词义都逐步扩大。英语中也是如此。请看这些词的词义引申变化情况的比较。the mouth of a river（河口）, the foot of the page（M脚）, the eye of a needle（针眼）, the tail of a comet（着尾）, the teeth of a saw（锯齿）。

（8）短语构成模式上的相似性

由词构成短语（词组），构成规则由于语言的不同而产生差异，这种规则是在语言存在的文化背景以及语法规则的基础上形成的。然而因为有些语言在思维模式以及构成短语的原则上存在相同点，因此有时虽然语言不同，但是短语却有相似之处。如：

出人头地 be head and shoulders above others

大声疾呼 cry at the top of the voice

颠倒黑白 turn white into black

赴汤蹈火 go through fire and water

高瞻远瞩 see far and wide

空中楼阁 castle in the air

自食其果 eat the fruit of one's own doing

自掘坟墓 dig one's own grave

仔细比较上述各个短语就会发现，英汉之间无论是用词还是短语的构成模式，都存在极为相似的地方。

（9）句子分类也存在相似性

以功能为标准英汉句子可以划分为四类：陈述句、疑问句、感叹句与祈使句。以句子的结构和格局为依据可以将句子分成不同的句型，进而构成各种各样的句子。在英语中，虽然句子有成百上千种，但是按照它们的相似特征可以将句子大致分成五种基本句型，英语中所有的句子都属于这五种基本句型。如：

① S + V + C（主—动—补）结构：She is in good health.

② S + V（主—动）结构：Prices are going down.

③ S + V + O（主—动—宾）结构：Nobody could answer me the question.

④ S + V + O + O（主—动—间宾—直宾）结构：David showed me the way.

⑤ S + V + O + C（主动—宾—宾补）结构：They elected him president.

在句型①②③④中，汉语和英语的基本结构是一致的。例如：

The director appointed him sales manager. 主管任命他为销售经理。

## （二）英汉语言的不同之处

### 1. 分析型与综合型

语言形态学（morphology）是研究词的内部结构和构词规则的科学。从该学科的分类法来看，汉语是分析型为主的语言，英语是综合型为主的语言。分析型语言（analytic language）的语法关系主要不是通过词汇自身的词形变化，而是通过词序或虚词等手段来完成的。而综合型语言就要借助词汇自身的词形变化来表达语言的语法关系。表达语言意义的主要手段有词形的屈折变化、词序和虚词的使用。这里谈到的词形的屈折变化主要体现为词的性（gender）、数（number）、格（case）、词类（part of speech）、时态（tense）、语态（voice）、人称（person）等的变化。

汉语是以词汇的手段表示概念意义及语法意义。英语主要通过词本身的形态变化来表达语法意义。英语的词形变化相对丰富，用于标示语法范畴，表达语法意义。

比较一下汉语与英语不同的表意手段：

汉语：（词汇表意—数）

A. 将两种文化视为一体

B. 将两种文化各自视为一体

英语：（形态表意）

A.two cultures taken as a whole

B.two cultures taken as wholes

汉语：(词汇表意时态)

他们过去是相爱的，但现在已没有什么感情可言了。

英语：(形态表意)

They loved each other and there is no love lost between them.

汉语：(词汇表意—语态)

每场比赛他们都败在客队的手下。

英语：(形态表意)

In every game，they were bested by the visitors.

总之，无论是名词的数还是动词的时态 / 语态，汉语均需用词汇的手段来表达，而英语只需词汇自身的形态变化即可。汉英翻译即用目的语的形态变化来表示分析型汉语的语法意义。

### 2. 意合与形合

意合指的是通过语义及语句的逻辑关系连接词语或者语句。形合指的是通过连接词或者语言形态连接词语或者语句。奈达从语言学的角度分析，认为汉英语言最大的不同之处就在于意合与形合的区分（Nida，1982)。贾玉新将英汉语言在句法上的差异精练地概括如下：“英语高度形式化、逻辑化，句法结构严谨完备，并以动词为核心，重分析轻意合；而汉语则不重形式，句法结构不必完备，动词的作用没有英语中那么突出，重意合，轻分析。”王力在《中国文法学初探》中指出：“子句与子句的关系，在中国语里，往往让对话人意会，而不用连词。”换句话说，就是不用虚词，通过词语和句子表现出事情的先后顺序和因果逻辑关系。汉语以意驭形，而英语则以形制意。如：

汗流浃背（先后关系）

soaked with sweat；sweating all over

玩物丧志（因果关系）

A.Sensuous luxury blunts the edge of determination.

B.If you indulge in pleasures，you'll forget your high aims in life.

不进则退（条件与结果的关系）

A.If you do not make progress，you'll fall behind.

B.You'll slip backward unless you forge ahead.

在英语中，词语连接成句、短语连接成句、分句连接成句都能体现出形合，也不能缺少连接词、介词、关系代词和分词结构等，英语词与词之间的关系常由一个客观的词来指示，不像汉语要由读者自己来解读。如：

Don't come in until I call you.

总之，汉语通常以意合为主，连接成分一般不会明显体现出来，句子与句子之间的连接重视流洒铺排、疏放迭进。英语以形合为主，一般在有实际意义的形合中必须含有连接成分，句子与句子之间的连接讲究有条不紊、严密紧凑。因此，汉英翻译的过程就是一个从“形散神聚”的源语析出条理，然后用“以形驭意”的目的语使诸般条理各就各位的过程。

3. 动态与静态

英语是屈折语（inflectional language），英语动词形态变化繁复而稳定，这就使英语动词的使用受形态的掣肘，而名词就没有这个问题，因此名词在英语中占优势，名词的优势导致了介词的伴随优势。汉语是非屈折语（non-inflectional language），其词类没有形态变化问题，而动词与名词比较，动词的动态感强、动势强，名词则较为凝滞，所以在汉语中动词非常活跃，可以连用，也可以广泛代替其他词类的功能在句中作其他成分。英语倾向于多用名词，因而叙述呈静态；汉语倾向于多用动词，因而叙述呈动态。

（1）英语的静态倾向表现

①名词化（nominalization）是英语常见现象

英语是综合型语言，其显著特点就是词缀丰富。英语中丰富的词缀使有些动词和形容词很容易派生为名词，因而名词化成为英语中常见的现象。英国语言学家艾里克•帕特里奇（Eric Partridge）认为，将动词转化为名词乃是英语中极普遍、极有效的构词方法。名词与动词之间的互相转化正是英语的独特之处。在许多情况下，用名词代替动词可以使行文和表意都更为简洁，这符合现代英语总的发展趋势。比较以下例句：

例 1：医生迅速到达，并非常仔细地检查了病人，因此病人很快就康复了。

译文 1：The doctor arrived extremely quickly and examined the patient uncommonly carefully. The result was that he recovered very speedily.

译文 2：The doctor's extremely quick arrival and uncommonly careful examination of the patient brought about his very speedy recovery.

例 2：现在急需提出新的补救方法。

译文 1：Now it is very necessary to put forward a remedy.

译文 2：There is a crying need for a remedy.

例 3：我拨了两次才接通了总机。

译文 1：1 dialed the phone twice and finally got through to the switchboard.

译文 2：Two dials and I was able to get through to the switchboard.

译文 3：Two dials got me through to the switchboard

例 4：电话里有人在叽里咕噜地交谈，过了一会儿，一个男人给我回了话。

译文 1：Someone was muttering in the phone.After a while，a man came to answer me.

译文 2：There was a mumbled conversation in the background.Then a man's voice came on the phone.

例 5：甚至可以归咎为缺乏维生素。

译文：Even vitamin deficiency may be to blame.

例 6：他绝望了，正在此时，他见到远方的帆影，有了绝处逢生的希望。

译文：He gave up all the hope when the appearance of a distant sail raised his hope of rescue.

②施事名词（agentive noun）代替动词

英语常用含有行为和动作意义的普通名词代替动词，很多由动词派生(如以-er/or结尾)的名词既表示施事者，又保留原来动词的意义。这类名词常常与前置形容词构成静态结构。

例 1：计算机比人检查得更细心、更勤快。

译文：The computer is a far more careful and industrious inspector than human beings.

例 2：他统治那个地区长达 20 年之久。

译文：He has been the ruler of that region for as long as twenty years.

③名词优势造成介词优势

由于英语多用名词，必然也要多用介词，因而产生了介词优势。介词优势与名词优势相结合，使英语的静态倾向更为显著。英语介词具有丰富多样的词汇意义，特别是可以表达汉语中常用动词来表达的概念。

反对这项提议 against the proposal

围绕中心 around the center

居于首位 before everything

超出我的能力 beyond my ability

淋着雨 in the rain

冒雨顶风 against the rain and wind

古往今来 through the ages

汉译英时常用介词来翻译汉语动词，如：

例 1：野花的芬芳乘着轻风向我们扑来。

译文：The smell of wild flowers came to us on the light breeze.

例 2：蒙在他身世上的帷幕正在揭开。

译文：Veil is lifting on his life.

例 3：他裤子上打了六个补丁，一个补丁一个颜色。

译文：He wears six patches on his pants，each one a different color.

例4：小汽车迂回盘旋，穿过村庄，翻越峡谷，沿着一条因解冻而涨水的小溪行驶。

译 文：The car wound through the village and up a narrow valley，following a thaw-swollen stream.

（2）汉英翻译中的动静转换

在汉英翻译中，我们应该努力摆脱汉语的用词表意习惯。特别是不能墨守汉语原句的词类，把自己套在汉语的框框里。我们可视情况将汉语动词或动词词组转换成英语的名词或介词词组，以顺应英语的表达特点。

例 1：你得喝几口水，把药丸吞下去。

译文 1：You have to drink some water to swallow the pill.

译文 2：You have to wash the pill down with sips of water.

例 2：上下班他一般坐地铁。

译文：He usually rides subways to and from work.

例 3：室内栽种花卉草木需要洒水施肥，但水肥过多又只能使效果适得其反，因此应掌握正确的施肥方法。

译文：House plants need water and food，but overfeeding could possibly cause a reaction contrary to your anticipation.So all house plants need wise fertilization.

例 4：火箭已经用来探索宇宙。

译文：Rockets have found application for the exploration of the universe.

例 5：他读书时不加选择。

译文：He is indiscriminate in reading.

总之，汉语动词无形态变化，使用方便，且重于动态描写，所以汉语中动词用得多。在英语句子中，动词受形态变化的约束，通常只有一个谓语动词，把含有一个以上动词的汉语句子译成英语时，应将主要动词译成谓语，其他次要动词用目的语的名词、介词和形容词来传达，使译文更加符合目的语的表达习惯。

（3）无灵与有灵

在语言产生的早期，由于受到地理条件的限制，古希腊人对物质的占有和获得十分重视。他们认为物是人的对立面，秉承“天人相分”的理念。这种理念反映在语言上就是通常以无灵的“物”为说话的对象，以体现客观，所以经常把无生命的动作执行者作为主语，即“无灵”主语（inanimate subject）。而中国人讲究“天人合一”，不把“物”对象化，在“天人合一”的基础上强调“人”的自我完善，在思维和语言上强调“人”，所以汉语中就大量使用有生命的动作执行者作为主语，即“有灵”主语（animate subject）。

西方人喜欢抽象，中国人喜欢具体，这反映在遣词造句上就是，英语句中常常用无灵词语，如抽象名词或其他无生命的东西作主语；而汉语句中大多将有灵词语，如人或有生命的东西作为主语，语法主语和逻辑主语基本一致。因此，翻译时就需要根据东西方习惯的不同加以调整。

例 1：The rain prevented him from coming.

译文：他因为下雨不能来了。

例 2：Careful comparison of them will show you the difference.

译文：你只要仔细比较一下，就可以发现不同。

例 3：The sight of the big tree always reminds me of my childhood.

译文：我一看见那棵大树，就想起了我的童年时代。

在英语中，非人称的主语句都会使用无灵主语以此来说明时间地点、事物名称、抽象概念、心理感觉等，但谓语动词一般都用有灵动词，表示人或社会团体的动作和行为，如“see”“find”“give”等。与汉语相比，英语用无灵主语与有灵动词相互配合形成的句式多得多，并且在使用范围上也要更大一些。汉语的有灵动词只能单纯地搭配人称。根据汉民族的思维习惯，非人类的、没有生命的东西只能有一些无意识、无意志的状态、运动或变化，只有人类或者社会团体才能够产生有意志、有意识的状态或行为。汉语的无灵主语与有灵动词搭配通常用作一种修辞手段——拟人。

例 4：花儿在微风中点头。

译文：The flowers nodded in the breeze.

例 5：录音机接受了女主人的指令，“叭”的一声，不唱了。

译文：On its owner's command，the tape-recorder sopped its song with a crick.

例 6：青蛙唱着恋歌，嫩蒲的香味散在春晚的暖气里。

译 文：Frogs sang their love songs；tender cattails filled the warm air of spring night with their fragrance.

例 7：去年今日此门中，人面桃花相映红。人面不知何处去，桃花依旧笑春风。

译文：In this house on this day last year，a pink face vied.//In beauty with the pink peach blossoms side by side.//I do not know today where the pink face has gone.//In vernal wind still smile pink peach blossoms full blown.

在涉及有灵或无灵主语句的翻译时，首先要考虑其特点，吃透原文，然后用符合汉语表达习惯的主谓搭配形式把原文意思传达出来。下面简单介绍几种翻译方法。

①改变原句中的主语

翻译时，改变原句中的主语，找出合适的动作执行者作为汉语句子的主语，把无灵主语转换为有灵主语，重组句子。

例 1：The sight of a tailor shop gave me a sharp longing to shed my rags，and to clothe myself decently once more.

译文：我一看到一家服装店，心里就激起了一阵强烈的愿望，很想扔掉这身褴褛的衣服，重新穿得像个样子。

例 2：Anger choked his words.

译文：他气得话也说不出来。

②转化成汉语复句

英语中有些无灵主语句，从语法上看常常是简单句，但却因含着一定的逻辑关系，有时还含有并列句和复合句的内容。翻译这类句子时，不能照搬原文表达形式，而要把无灵主语转换成有灵主语或是其他类型的主语，有时还要采用拆分等手段，以便把逻辑关系和时间顺序逐层表达出来。拆译前可增加一些连词（如“因为”“所以”“如果”“虽然”等）。

例 1：The bitter weather had driven everyone indoors.

译文：由于天气寒冷刺骨，人人都躲进了室内。

例 2：The sight of the girl always reminds me of her parents.

译文：我一见到这个女孩，就想起她的父母。

③转化成汉语的状语

在某些情况下，可以把主语译成时间、地点状语。某些句子的宾语若是表示某种行为和动作的名词，可译为谓语，其定语译为主语。原谓语不翻译，因实质性内容是由宾语及定语表示的。

例 1：As he puffed，an abrupt sound startled him.

译文：他正吸烟时，猛然听到一种意料不到的声音，不由得吃了一惊。

例 2：Investigation led us to the foregoing conclusion.

译文：经过调查，我们得出了上述结论。

④转化成汉语的外位成分

把无灵主语从原句拆出来，作为外位成分，必要时译成无主语句。有时，汉语句子的主语可用一个代词如“这”来替代。这种拆译和转换可以避免汉语的主语太长，又能使主谓靠拢，使整句结构紧凑、逻辑关系清晰。

例 1：Iron combines easily with oxygen.That's why it is never found pure in nature.

译文：铁很容易与氧化合。这就是（为什么）从未在自然界发现过纯铁的缘故。

例 2：The small table overturning as he fell to the carpet helped bring her out of the shock

译文：他倒在地毯上，把小桌子撞翻，这才令她惊醒过来。

⑤引申英语谓语动词的词义，加以适当变通

例 1：From his windows which overlooked the Bay of Naples，he saw a hundred places that recalled the Romans and the Greeks.The past began to haunt him.

译文：他站在窗前就能俯视那不勒斯湾。此时，他凭窗远望，看到上百处残踪遗迹，因而联想到罗马和希腊的盛衰。他开始不停地思考起古代社会来。

例 2：Her name escaped me.

译文：我记不起她的名字了。

例 3：Words failed him.

译文：他说不出话来。

⑥运用使役句式

如：

海拔在1000米左右，峰峰俯身颔首朝向主峰，形成“七十二峰朝大顶”的壮观景象。更有“天柱晓晴”“陆海奔潮”“雷火炼殿”“祖师出汗”“海马吐雾”等千姿百态的奇异幻景。加上武当山诸多峰岩的命名，或出自信仰，或源自神话故事，都有强烈的神秘感。这与钟灵毓秀的自然风光交相辉映，形成了神秘空灵的“仙山琼阁”，是人们追求返璞归真、回归自然的理想场所。

武当山所处的地理位置正是亚热带季风气候，山区具有鲜明的垂直地带性气候特征，随着海拔的增加，气温逐渐降低，还有复杂的局部小气候。武当山属于我国八大避暑胜地之一，素有“冬寒而不寒，夏热而不热”的美名。武当山常年紫气氤氲，气候多变。春天，青峰滴翠，繁花似锦；夏天，飞瀑高悬，清凉一片，游客来到武当山，燥热顿消，凉爽无比，正是“踏入武当景远幽，六月炎夏变成秋”的“清凉世界”；秋天，天高气爽，红林褥地；冬天，冰峰雪树，银装素裹。一年四季无论什么时候来武当山游览，都可以观赏到武当山神秘空灵的美丽景观。

## （二）英语旅游文本的特点

### 1. 英语旅游文本注重客观描写

西方传统哲学在主观与客观的物象关系上，主张“主客分离”，更强调对认知对象的模仿和再现。在描绘外界自然美时，总是“站在自然之外”去欣赏自然之美。因此，在景物描写上，英语文本倾向于用客观、简约的语言追求一种理性之美。具体而言，英语旅游文本大多用词简洁具体、逻辑严谨、文风质朴，行文简洁明快。同时，英语景物的描写往往通过提供细节来向读者显示某种印象，让读者自己去判断。在语言上表现为以名词、动词、副词、非谓语动词为主要成分的结构特征，并通常以叙述、说明的方式来提供实在、有效的旅游景点信息。

例 1：Singapore is a state in Southeast Asia-Founded as a British trading colony in 1819.Since independence it has become one of the world's most prosperous countries and boasts the world's busiest port.

例 1 节选自新加坡旅游宣传资料的一个小节。整个小节提及新加坡的地理位置、历史文化、经济发展等各方面，整个说明简单易懂、用词朴实，基本是对客观事实的一个直观描述。

例 2：The hub of public life is the“Piazza San Marco”（St.Mark's Square）where tourists and citizens sit on the terraces of the famous Florian and Quadri cafes to listen to the music，dream and see the mosaics of St.Mark's glow under the rays of the setting sun. The Quadri is more popular but the Florian is the best-known cafe：founded in 1720.It has received Byron，Goeth，Musset and Wagner within its mirrored and allegory-painted walls.

例 2 节选自对圣马可广场的旅游简介。尽管作者的本意在于描绘广场的美丽风光、闲适生活以及悠久历史，但是整个描写中仅仅用了“famous”“popular”等几个较为普通和概括性较强的词汇。

2. 英语旅游文本的表现形式多样

相对中国旅游业的发展，很多西方国家在旅游业的发展上较为领先。经过长期的业务拓展和经营，旅游业各种配套的环节都较为完善。其中一个较为明显的体现是，多数汉语旅游文本更注重辞藻本身的华丽，以及诗词典故的引用和权威部门对景点的认可，而英语旅游文本则通过多种文本表现形式，实现信息介绍、旅游景点推介、吸引游客的目的。

例 1：What's so special about Hawaii's volcanoes ？ Hawaii emerged from the sea millions of years ago， forged by the power of volcanoes.Today， Hawaii Volcanoes National Park on Hawaii Island is one of the few places in the world where visitors can come face to face with an active volcano.This once in a lifetime chance to safely explore Kilauea，one of the world's most active volcanoes，makes Hawaii'adestination unlike any other.

Remember the volcanoes at your school science fair ？ Unlike those steep，Conical peaks，Hawaii's main volcanoes are “shield” volcanoes.Shield volcanoes produce generally fluid lava flows that form gently sloping shield-like mountains.A good example is Maunaloa，the most massive mountain on earth，deceptively covering half of Hawaii Island.How many active volcanoes are on Hawaii.

There are currently three active volcanoes in Hawaii.On Hawaii Island，you'll find Maunaloa and Kilauea in Hawaii Volcanoes National Park.Maunaloa last erupted in 1984 and Kilauea has been continuously erupting since 1983.Loihi is located underwater off the southern coast of Hawaii Island.Erupting since 1996.This emerging seamount may break the surface in about 250，000 years，adding a ninth island to the Hawaiian chain.Other notable volcano craters that you can like and explore include Haleakala on Maul as well as Leahi（Diamond Head）and the National Memorial of the Pacific at Punchbowl on Oahu.

What is Hawaii Volcanoes National Park ?

Today，Hawaii Volcanoes National Park is Hawaii's No.1 visitor attraction.This 377-square mile park on Hawaii Island is a living museum where visitors can witness the power of Hawaii's volcanoes in surprisingly intimate ways.You'll feel great mana，or spiritual power，here as you hike along rocky trails and desolate deserts that in time will flourish and thrive with new life.

例 1 是一篇介绍夏威夷火山景点的文本资料。整个语篇采用一问一答的形式，既有外在建筑材料，而主要在于它们所体现的人类的科技水平和成就及审美观念，从而极大地扩充了旅游的文化含量。

文化的基本特性对于文化旅游资源的基本特征起到了决定作用，主要体现在以下五点。

1. 地域性

人类在与大自然进行抗争的过程中，因为受制于其所处的特定的地域环境，随着时间的不断推移，也就形成了极具特色的文化内涵。在我国古代就流传着“五里不同风，十里不同俗”的说法。人们因为所处自然条件的差异性，其在闲暇、交往等生活的结构、范围以及对象方面也会存在差异性，进而形成了极具地方特色的文化形式，这些对于包括旅游活动在内的各种人类行为都会产生影响。

2. 民族性

世界范围上存在众多的民族，每个民族都有其独特的文化传统。就每一个民族而言，其所生活的环境都是特定的，环境的差异性既决定了生产、生活方式上的差异性，也决定了语言、文字、艺术、道德以及风俗习惯上的差异性，进而形成了各个民族独具特色的民族文化，这也是民族旅游能够发展起来的内在潜力。

3. 时代性

所处历史时期的差异性也就导致了文化内容与功能上的差异性。依据时代特征的差异性，可以将文化划分为多种类型。我国通常将历史文化划分为“原始文化”“农业文化”以及“现代化文化”三种类型，分别象征着“原始社会”“农业社会”以及“工业社会”三种不同的社会形态。世界具有多样性，究其原因在于人类文化进化的类型和层次具有多样化，而这也恰恰是旅游活动得以产生并不断发展的直接诱因。

4. 继承性

为了能够繁衍生息，人类自身所积累的生产、生活经验总是代代相传，人们从前人那里不仅能够继承有形的物质遗产，还继承了传统的价值观念、思维习惯、情感模式以及行为规范。借助于耳濡目染的内化过程，实现其在显意识与潜意识底层的沉淀，基于此，文化得以保存和沿袭下来，进而不断地积淀成为深厚的历史文化资源。

5. 变异性

一是人类在对于前辈所创造的文化成果进行继承的同时，还会基于新的历史时期对

于新的文化进行创造；二是文化交流加剧了文化变迁。就当前来看，科学技术不断发展，这就使得文化在交流时的范围不断扩展、频率不断加快，而这是之前闻所未闻的，人类无时无刻不处在观念的分化与融合当中，这种文化的变异性为旅游开发提供了丰富的文化型旅游资源。

作为旅游业的重要组成部分，旅游翻译唯有对文化的内涵进行挖掘，才能够对旅游者产生吸引力。就像是孙尚清所说的那样，“旅游在发展的一定阶段是经济—文化产业，在发展的成熟期是文化—经济产业”。可以将旅游者视作文化消费者，究其原因在于，其将追求精神享受作为目的。正是因为如此，在旅游业的产品当中，居于核心地位的只能是文化产品或者是具有较高文化含量的产品。作为旅游经营者来说，只有向消费者提供高质量的文化产品，才能从交换中实现盈利的目的。

### （二）旅游翻译的文体类型

语言因交际环境、交际对象等发生变化而产生变体，并形成各类语言变体。比如，在商务领域为商务人员所使用的语言可称之为商务语言，在科技领域为科技人员所使用的语言应为科技语言，在法律领域为法律工作者所使用的语言则为法律语言，在旅游领域为旅游从业人员所使用的语言可称之为旅游语言等。因此，从这个意义上来说，文体也指各种语言变体。通常而言，文体可分为实用文体与文学文体两大类型。实用文体主要是指那些具有实际应用价值和实践意义的文本，如旅游翻译、商业广告等文体。实用文体也可称之为应用文体，它的最大特点是实用性，对事物、事件进行客观描写和陈述，主要目的是传递和交流信息，不具有虚拟性，很少带有个人感情色彩，其语言呈现规范化、正式化和程式性。

构成文体风格的基本要素主要包括语音、词汇、语法、篇章结构等。文体分析的基本任务就是要揭示不同语言变体在语音、词汇、句式及语篇等方面的特点和风格。在当前全球化的经济背景下，旅游翻译不仅是应用性语言，还是一种重要的实用文体，具有较强的行业特性。根据旅游活动的不同环节，旅游翻译可细分为旅游观光翻译、旅游度假翻译、旅游休闲翻译、旅游健身翻译等文体类型。

作为一种重要的英语功能变体，旅游翻译在其具体使用过程中形成了自身的特点和风格。首先，可充分利用先进计算机技术，并基于语料库手段来分析和研究旅游翻译各类文本的词汇（常用词汇、专业词汇、核心词汇、词汇搭配、词频等）、句型（句型结构、句子类型、特殊句式等）、篇章（篇章结构、语篇衔接、连贯等）等方面的特点和风格，以更好地进行旅游翻译研究。此外，还可运用多种理论模式和方法论，从不同视角对旅游翻译进行深入的跨学科文体学研究。例如，从语用文体学视角，可以研究语用因素对旅游翻译理论与实践的影响，研究特定语境中旅游翻译的得体性与合适性，研究旅游翻译在旅游情景语境中的语用功能、语用效果以及所应遵循的语用原则和准则。从

认知文体学视角，则可以把旅游翻译的语言使用和选择与认知现象结合起来，运用相关理论探讨读者的假设与期待，在旅游翻译中准确判断并灵活运用具有文化特色的语言结构及认知模式等。

### （三）旅游翻译的语体特征

语体是适应不同交际领域的需要所形成的语言运用特点的体系。语体与语言相生相伴，人们只要运用语言进行交流交际，那么其言语方式就必然遵循于某一种表达规律。作为应用语言学科的一个领域，旅游翻译具有很强的灵活性。旅游翻译包括动态翻译和静态翻译两种形式。其中，动态翻译注重受众的理解和共鸣，静态翻译关注译文的目的性。对于旅游翻译人员来说，要依据不同的语境进行旅游翻译就必须要多了解一些客源国的历史文化、民俗风情与生活习惯，掌握英语语言知识与人文知识，培养跨文化语言交际能力。语言灵活和语境多样是旅游翻译的两大语体特征。

#### 1. 语言灵活

旅游翻译是面向受众的文化信息传播，不符合受众文化心理和审美情趣的旅游翻译不仅不能促进旅游，反而适得其反。旅游翻译有明确的目的，表达形式和内容又存在差异。因此，旅游翻译要以源语中的词汇、句子、语篇知识为基础，通过引申、模仿、整合等方式获得译文语言。成功的旅游翻译应以灵活简洁的语言深入人心。在翻译时，译者首先应明确翻译内容和服务对象的特点，在遣词造句上把握受众的文化心理，言简意赅，突出主题信息。无论是口译还是笔译都要在受众中产生一种牵引力，能够抓住受众的目光，打动他们的心灵，激发其体验和行动的冲动。此外，译文语言还应风趣幽默，朗朗上口，难以忘怀，尤其是口语化的语言更加符合受众的文化心理，给人以美好的印象和感受。

#### 2. 语境多样

语言的意义确定取决于它所处的语言环境即语境，而且语言的意义会随着语境的改变而改变。语境本身是一种活生生的语言，它不仅可以再现语言的基本意义，而且可以再现特定的文化意义。语言只有与语境相融合才能体现它的活力。语境在旅游翻译中起着重要的作用，它决定着旅游翻译的成功与否。旅游翻译是一门具体语境中的语言，离不开具体的语境。忽略源语赖以产生的特定语境去进行翻译，往往会导致误译。

来自不同国家和地区的旅游者有着不同的文化背景和旅游需求，个性化的旅游者及旅游方式的多样化使得旅游语境不仅多样而且多变。因此，在旅游翻译中，译者除了要考虑源语本身的语言因素外，还必须重视非语言因素对语言表达的制约作用，尽可能多地了解语境因素，仔细推敲源语的意义，根据特定的旅游情景进行语言转换，对游客传

递语言文化信息，以提高旅游翻译的有效性和精准度。

### （四）旅游翻译的语篇特色

近年来，不少学者将语篇分析理论运用到旅游翻译实践，强调旅游翻译中的语境和言语交际功能。语言是一种有规则的系统结构，是一种代码。它由不同的成分组合而成，可以用来表达语义。同时，语言又是一个用于交际的系统，可以运用不同的代码形式来对具体的或抽象的东西进行指称，并且可以对具有交际价值的信号进行创造。语言主要涉及语音、文字、语法、词汇以及语义等方面的特征。对于语言进行使用，就是要从这些代码特征系统中做出选择，创造出可以传递意义的语篇。借助于语言，人们能够对主观世界及客观世界进行描述，也可以对人际关系进行建立或者保持，还可以对信息进行组织，上述三种用途分别可以概括为“概念功能”“人际功能”和“语篇功能”。同时，他认为，就语言使用层面而言，情景语境当中具有三个最为重要的因素，即语场、基调（语旨）以及语式，其对我们使用语言产生影响。语场、基调（语旨）以及语式被视作是情景语境的构成要素，称为语域变体。所谓语场，是指正在发生什么事，所进行的社会活动的性质、特点、语言所谈及或描述的是什么。所谓基调，是指谁是交际者，他们的基本情况、特点、地位、角色以及关系等。所谓语式，是指语言在交际所起的作用，主要涉及交际渠道和修饰方式。语场、基调以及语式与语言的三个功能互相联系：语场是对语言的概念功能的体现，基调是对语言的人际功能的体现，而语式则是对于语篇功能的具体体现。在三大功能当中，语篇功能居于核心地位，它使语言与语境产生联系，进而使说话人只能够生成和情景相一致的、相称的语篇。

在旅游翻译当中，语篇的篇内与篇外的因素决定了该对于何种技巧进行应用。需要认识到的是，句子并不是孤立存在的，而是语篇当中的句子。对于语篇进行翻译，就是一个从整体理解到整体再现的过程，脱离了整体，翻译技巧便无从谈起了。正是因为如此，在旅游翻译中要以语篇整体为出发点，不能够仅仅局限于句法层次上面。简言之，旅游翻译必须注意语言的交际功能，重视语篇分析、体裁分析等翻译手段，帮助译文读者了解和熟悉旅游翻译的语体特殊性及其规律性，培养其跨文化意识。

### （五）旅游翻译的语义原则

语义是社会成员在交际过程中，集体确立下来为大家共同理解的东西，即“约定俗成”，任何人都不得随意“指鹿为马”，语义的这种社会性不仅是语言学同时也是社会学内容的一部分。英语的理性意义和内涵意义大体上相当于汉语的词汇意义（概念意义）；英语的社会意义和情感意义在汉语中基本上属于修辞意义；英语的反映意义和汉语的言外之意差不多；英语的搭配意义和主题意义在汉语中基本上属于语法意义范畴。语义不同于语音和语法，比较复杂。它是思维的体现者，是客观事物在人们头脑中的反映，这种反映既有客观性又有主观性。汉英语义分析法都难以划清各种语义类型的界限，而且常有语义重叠现象。

尽管词的语义结构标记远比句法结构标记复杂得多，但我们仍然可以通过语境确定语义。翻译是双语间意义的对应转换，意义是翻译的核心问题。在旅游翻译中，时常会出现诸如指称意义（语言符号与其所描绘或叙述的事物的关系）、言内意义（语言符号之间的关系）和语用意义（体现符号与使用者之间的关系的一种意义）等语义丧失现象。追根溯源就是文化差异所致。文化间的差异使得东西方语言中存在大量的词汇空缺和语义的非对应性，换言之，语义的非对应源于文化间的差异。

语义原则要求译者在旅游翻译实践中不应该强求绝对意义上的对等，要重视汉英文化背景知识，不断探索汉英语言的差异，进行适当的词语转换，从而提高旅游翻译质量，促进对外交流。

## 二、特殊语言现象的翻译

### （一）民俗的翻译

#### 1. 民俗与文化

中国文化主要在两方面影响着英语：一是物质文化方面；二是精神文化方面，主要包括政治制度、思维方式、风俗习惯、伦理道德、价值观念等。由于中西方文化差异显著，使得英语国家的英语不能完全适用于中国国情，使用英语的中国人是在中国特有的社会文化中成长的，难免在有意无意间将中国文化渗透到英语中去。英语在跟汉语与中国文化的漫长接触中，在中国人的长期使用中不断扩散与发展，在词汇、语法、语篇等各个语言层面产生了具有中国特色的变异分化。

构成文化的重要结构之一就是民俗。英国人类学者泰勒（E.B.Tylor）认为：文化或文明是一种复合物，它包括知识、信仰、艺术、道德、法律、风俗，以及作为社会成员的人所获得的其他任何能力和习惯。由此可以看出，民俗与文化之间存在部分与整体的关系。所以，所有文化的相同特征（民族性与地方性特征）民俗都有。民俗在旅游文本中频繁出现，对民俗的准确翻译有利于游客深入了解目的地的传统文化，提升旅游景点的文化内涵。因此，翻译者必须是一个真正意义上的文化人。旅游翻译是一种典型的跨文化交际翻译，优秀的译员可以做到声情并茂，可以使景物由“静态”变为“动态”，使历史再现在游客的脑海里，使手工艺品的价值凸显。

#### 2. 民俗翻译

许崇信认为：“翻译工作在某种意义上像外交工作，要善于存异求同，既尊重别人又尊重自己。这应该成为处理文化关系的一个基本原则。”为了保证翻译时文化身份清楚、明了，进行民俗文化的翻译时要注意不能擅自用其他国家和民族的民俗来替换中国民俗，也不能把英语国家和民族的民俗置于华夏民俗中，这样才能保持华夏民俗的核心价值不受侵犯，使民族特色文化在翻译中得以再现，促进中西文化的交流和互动。直译的方法是最能保证文化不被篡改和替换的翻译方法。

但是，由于各个民族的民俗都有鲜明的民族与文化特色，因此在翻译时也不太容易。其主要表现为语言和文化的矛盾关系。苏姗•巴斯奈特是英国当代著名译学理论家，她为语言与文化之间的关系做了一个形象的比喻：“如同在做心脏手术时人们不能忽视心脏以外的身体其他部分一样，我们在翻译时也不能冒险将翻译的语言内容和文化分开来处理。”总的来说，就是必须在文化的语境中进行文化的翻译。因此，将“红娘”直接翻译成“a red woman”，将“红白喜事”翻译成“red and white happiness”，这种情况就是远离文化语境的文化翻译。如此一来，对中华民族文化不了解的人就不能理解正确的词义，造成曲解或一头雾水。所以，在翻译民俗文化时，如果直译不能被大家所理解，那么就要灵活运用其他翻译方法。在乔姆斯基的转换生成语法理论中有“深层结构（deep structure)”和“表层结构（surface structure)”之说。其中，“深层结构”是在人们脑海中存在的概念，这里指的是源语的内涵意义；“表层结构”就是表达人思维中概念的具体形式，在此为语言的外壳或字面意义，总的来说，“深层结构”是内涵意义，“表层结构”是字面意义。以这两个概念为基础，正确理解并处理语言和文化的矛盾关系。在乔姆斯基的观点中可以得出，所有的语言在表层结构都存在差异，但是它们在深层结构上的意义都是相似的。陈安定认为进行民俗翻译要“突破其表层结构，抓住其深层结构的核心思想，用中国人或西方人所能理解的语言加以表达，求其神似”。译者翻译民俗文化时要首先将原文中“深层结构”和“表层结构”理清楚，其次再选择翻译方法，如果直译与套译都不能将原文的内涵意义解释清楚，那么就要脱离字面意义，将原文的内涵意义翻译出来。

“For truly successful translating，biculturalism is even more important than bilingualism，since words only have meanings in terms of the cultures in which they function.”（要真正出色地做好翻译工作，掌握两种文化比掌握两种语言甚至更为重要，因为词语只有运用在特定的文化中才具有意义。）将“红娘”直译成“a red woman”就脱离了文化语境，只是将两种语言进行表层结构上的转换，这种翻译是失败的。我们中国人都理解“红娘”的深层文化含义，指媒人或婚姻中介，也是媒人和婚姻中介的借喻和美称，在其“深层结构”上翻译成“matchmaker”或“marriage agent”，才可以将其内涵意义翻译出来并被其他国家和民族的人理解。“红白喜事”也要在“深层结构”上翻译成“marriages and funerals”。翻译只有在转换文化深层的内涵意义时才能够体现出它的跨文化交流的意义与价值。下面列举其他类似的译例：

年饭 the meal on the eve of the spring Festival；family reunion meal on the eve of the Spring Festival

红包 red bag；red packet；red paper/envelope with gift money

唐装 dresses of the Tang Dynasty；traditional Chinese garments/clothing

龙凤帖 dragon and phoenix card；marriage certificate

黄道 yellow way；lucky days

黑道 black way；unlucky days

拜天地 kowtow to Heaven and Earth；perform the marriage ceremony

中国历来就有“礼仪之邦”的美称，有几千年沿袭下来的礼俗。同时，各少数民族也有不同的礼仪习惯，如不同的历史时期、不同的地区与民族，其婚姻形态的特征是很不相同的，主要有抢婚、招婿婚、转房婚、交换婚、服役婚等。节庆民俗与旅游的关系密切，自古以来，游乐便是节庆的重要内容之一。我国民俗文化异彩纷呈，有的宣扬亲情，如中秋节、重阳节；有的注重人际交往；有的增强凝聚力，如春节、元宵节。在旅游英语翻译中对民俗文化的解读与诠释应以弘扬本土文化与民族传统为本，把民族的文化精髓展示于世界。在翻译介绍过程中以源语的语言文化为主线，介绍它丰富多彩的内涵与特色，这也是对源语文化的尊重，从而使旅游翻译肩负起文化交流与传播的双重任务。

### （二）成语的翻译

当前，我国的旅游资源得到很大程度的开发，有望成为21世纪最大的旅游接待国。作为文化的载体，语言体现了民族文化的灵魂，因此做好旅游翻译工作，对塑造国家良好形象、宣传民族优秀文化有积极作用。作为汉语中最具特色的词汇类型之一，成语在旅游用语中经常出现，能够使旅游目的地的文化内涵得到生动形象的体现。我国的旅游文化能够通过成语这一语言形式得到输出和国际上的推广。

翻译策略的选择离不开具体的语境，由于旅游行业的特点，旅游文本普遍是为读者迅速了解旅游景点信息而形成的，所以翻译最需要起到的作用就是信息功能与呼唤功能。此外，成语的翻译不仅要体现原文的意义，还要体现其中的文化内涵。金惠康指出所有的文化都有其特定的文化内容与文化现象，这些就是区别于其他文化的文化专项。成语是中国文化独一无二的文化专项词汇。因此，翻译成语时要依据以我为主、阐明内涵的原则，并考虑到传播汉语文化与译文的接受程度。为保证目的语中体现源语中的文化，实现信息的对称，译者在进行翻译时要依据以下原则。

#### 1. 异化为主，归化为辅

翻译成语时，若翻译者想要将中国文化介绍给更多的英文读者，拉近读者和原文作者之间的距离，那么异化策略就是最适合的翻译方法。若翻译者首先考虑到的是译文的流畅，减少成语文化为英文读者造成的困惑，就要选择归化的方法。在翻译过程中，归化和异化从根本上来说体现了源语和目的语文化对文化身份和话语权力的争夺。文化翻译的原则是让译语文化得到丰富，这是由文化翻译的社会功能决定的。作为一种跨文化的交流活动，旅游的过程就是发现和感受文化差异的过程，根据成语的特征和语用功能，翻译者在翻译成语时要以异化为主，归化为辅。

### 2. 文化等值原则

翻译者不仅要看出各类文化之间的不同之处，更要发现这些文化的相同之处。所有的策略都是为传递源语信息、推动两种文化互相交流的目的服务的。异化策略虽然能够将成语的文化内涵体现出来，然而译者也要将英汉文化之中相同的部分利用起来。英汉民族大体上对世界的认识是不会有太多差异的，相通之处甚多。汉语的“全心全意”便对应英语的“heart and soul”；汉语中的“水底捞月”形容白费力气，做自己根本做不到的事，英语中的“fish in the air（空中捞鱼）”与其有异曲同工之妙。在翻译成语时，译者要对英汉文化中相交之处有一定的了解，并用于翻译之中。

旅游文本中成语的翻译方法大多采用直译或是直译加注的方式，有些成语典故表达的喻义很容易理解，中英读者都可以从其表面语义理解它的内涵意义，对这类成语可以采用直译的方法。如“士为知己者死，女为悦己者容”可以直译为“A gentleman will die for his bosom friend，while a lady will doll herself up for the man who loves her”；“鹂蚌相争，油翁得利”可盲译成“When a snipe and a clam grapple，it is the fisherman who profits”；“唇亡齿寒”可直译为“With ups gone，the teeth will feel freezing cold”。这三则成语的英文译文在心理认知和文化认同两方面都很容易引起译文读者的共鸣，其寓意不言自明。

很多成语本身就是历史故事的总结。人们已经将这些成语的意义熟记于心，因此往往用它们形容某些现象。然而旅游语境中这些内涵意义是否应该保留是一个值得深思的问题。因为成语文化具有唯一性特征，因此直译往往不能被目的语读者所理解，那么译者在翻译时就可以将内涵意义当作注释紧跟译文。这种翻译方法既保留了丰富多彩的源语文化色彩，又加深了目的语读者对原文的理解，兼顾了源语文化在目的语中的构建和译文的流畅。例如：“毛遂自荐”可译为“Maosui recommended himself for significant tasks（volunteering one's service）”；“完璧归赵”可译为“Returning the jade intact to the state of Zhao（fulfilling one's task or return precious items to the owner successfully）”。

## （三）颜色词的翻译

### 1. 英汉颜色词的概念

颜色词是表示颜色的词。英汉语中的颜色词数量都极为丰富。颜色词可分为两大类：基本颜色词和实物颜色词。英汉民族的基本颜色概念在大体上是一致的。基本颜色词是用来表达事物色彩的颜色词。英语中有 11 种基本颜色词，即 white（白色）、black（黑色）、grey（灰色）、brown（棕色）、red（红色）、green（绿色）、yellow（黄色）、blue（蓝色）、purple（紫色）、pink（粉色）、orange（橙色）。除了“青色”，汉语的基本颜色词和英语的大致相同。

## 2. 英汉颜色词的比较

在所有语言中，颜色词都具有极为丰富的意义。英汉颜色词不仅意义丰富，而且应用范围相当广泛。颜色虽是自然现象，但千百年来，不同民族在不同的自然环境、文化传统、认知情感、风俗习惯和审美心理的影响下，对颜色的想法也呈现出巨大的差异。同一种颜色可能会有不同的联想，从而使同一颜色词在不同民族拥有了不同的象征意义，并使颜色词独具其引申意义和文化意义。下面对英汉两种语言常用的基本颜色词分别进行比较。

(1) White 与白色

在英语中，白色象征着纯洁和美好，而黑色则喻示着悲哀和死亡，故“白宫”用以代表美国政府，而且西方妇女传统的结婚礼服为白色，而丧服为黑色。但在中国，传统的丧服为白色。

(2) Black 与黑色

不管是在英语中还是在汉语中，黑色都是具有贬义性质的颜色，但是在具体情况中还要做具体分析。英语中 black 的意义为“非法的”，有“black list（黑名单）”等；汉语中“黑”也有这一意义，如“黑店”“黑话”“黑货”等。英语中的 black 有“深色的、暗淡的、阴郁的、生气的、邪恶的、丢脸的”等引申意义。

(3) Red 与红色

虽然英语的“red-letter day”表示重大节日，并且用红色的字母标在日历上，但是红色在英语中多含贬义，有危险、愤怒的象征意义。而在汉语中，红色与所有颜色相比，具有浓厚的褒义色彩。首先，红色有“热情、喜庆、吉祥”意义，汉语中把婚嫁叫作“红喜”，“红运”意味着好运；其次，红在汉语中也是最具政治色彩的一个颜色词，是革命、进步的象征。另外，还有其他用法，如“红尘”“红男绿女”“红眼”等，有着不同的引申义。

(4) Yellow 与黄色

英语中的 yellow 指“低俗的，哗众取宠的，胆怯的”，“yellow belly(胆小鬼)”“yellow dog（卑鄙的人）”。黄色在汉文化中却举足轻重，是神圣、高贵和权力的象征：黄皮肤是中华民族的本色。

(5) Green 与绿色

在西方，绿色除象征希望、自由和欢乐外，还象征着青春、信心和永恒。绿色为大自然的本色，是朝气蓬勃、富有生命力的象征，由此可以引申出“不成熟的，无经验的”这一象征意义。能够突出表现英汉民族文化差异的是“green with envy”，引申为“嫉妒”，而汉语用来表达嫉妒的是“红眼”。在西方，绿色具有“希望”的象征意义。在汉语中，“绿色”通常表示具体意义，绿色代表大地，象征着希望和生机，也常用来表示生命。

(6) Blue 与蓝色

英语中的“blue”具有“忧郁，伤感”的联想意义，如“look blue”指的是“面容忧郁”。

这种引申意义与汉语中的“黄色”相同。相反，在汉语文化中，蓝色是大海与天空的颜色，因此蓝色通常和美好的遐想、憧憬联系起来，如“蓝色的梦想”，指美妙的梦想、梦寐以求的东西。

（7）Grey 与灰色

英汉两种语言中的灰色较为一致，都有“暗淡的、颓废的、失望的”之义，如“grey prospects”表示“暗淡的前景”。英语“grey”还具有“老练的，成熟的”象征意义，和人老后头发灰白相关，如“grey experience”表示老练。

（8）青色

青色只有在汉语中才有，并且具有不同的含义，例如，“青丝”中“青”为黑色，“青天”为蓝天，“青草”为绿草，“青衣”为黑衣，“青菜”为“绿色蔬菜”，“气得脸色发青”指面色苍白。

3. 旅游文本中颜色词的翻译

因为不同的民族审美心理与标准存在差异，因此英汉两种语言中的颜色词在象征意义与感情色彩上有很大的差异，译者和英语学者一定要解决这一问题。在翻译实践中，译者不能脱离上下文的具体情况而孤立地理解与翻译，必须在理解原文颜色词含义的基础上，结合原文整体对颜色词作灵活处理，才能避免错译的现象。

（1）有的汉语颜色词兼指一种以上的颜色概念

因此，译者必须从原文的上下文或词的搭配来确定它们所指的究竟是哪一种颜色，然后才能相应地表达。上文提到的汉语颜色词“青”便是最值得注意的一例。

青布 black cloth

青绿色 dark green

青山绿水 green bills and waters

又如汉语颜色词“碧”可作“绿”“蓝”和“白”解。

碧空 blue sky

碧云 white cloud

碧玉 green jade

碧眼 blue eyes

碧绿 dark green

（2）英汉两种语言有时以不同的颜色词来表达同一种事物的颜色

因此译者在处理颜色词时，要注意不同民族文化中颜色词的使用习惯，避免错译。

红茶 black tea

红糖 brown sugar

青一块，紫一块 black and blue

（3）英、汉两种语言有一种共同的现象

即一些颜色词和被修饰词一起组成新词，并失去本来表示颜色的作用，产生完全不同于字面的意义。如果望“色”生义，把它们仍视为表示颜色的词来译，便会令人啼笑皆非。下面以白、黑、红三种颜色为例：

白卷 unanswered examination paper

白班 day shift

白开水 plain boiled water

white room 无尘的房间

white coal 水力

黑子 sunspot

黑话 malicious words

黑货 smuggled goods

a black mood 情绪低落

a black sheep 害群之马

black leg 工贼

红装 gay feminine attire

红颜 a beautiful girl

红娘 go-between：match-maker

red meat 牛羊肉

red-tapism 官僚作风

red-blooded 充满活力的

颜色词翻译之难，在于“颜”外之意。翻译时对颜色寓意需细心推敲，准确把握，切不可望“色”生义。如汉语中的“一颗红心，两种准备”，意为既忠于革命事业，又要准备迎接革命过程中的困难与顺利。如果按字面意义将短语译为“a red heart with two preparations”，英语读者可能会联想到一颗血淋淋的心脏，让他们一头雾水。还有汉语词“又红又专”，“红”表示政治觉悟高，但是英语中的“red”不具有政治色彩，如果把“又红又专”译为“both red and expert”，那么目的语读者就不太容易理解，还不如意译为“both politically progressive and professionally expert”。最后，让我们以翻译界熟知的霍克斯所译的《红楼梦》为例。众所周知，《红楼梦》中的颜色词十分丰富，英国红学家霍克斯（Peter Hawkes）在将这一巨著译成英语时，考虑到英语中的“red”除了可以形容脸颊和嘴唇红润外，并不具有汉语中“红色”的象征意义，所以他选择了小说的原名《石头记》将其译为“A Story of the Stone”，被翻译界所推崇。

# 第五章　基于多角度分析的旅游文本翻译

## 第一节　旅游文本翻译的特点及策略

旅游业的兴起推动着旅游翻译的迅速发展。旅游资料的翻译在本质上是一种跨文化交际活动，其翻译质量会直接影响对外宣传的效果和旅游业的发展。旅游翻译资料是一种特殊的文本，有其本身的特点和翻译方法。

### 一、旅游文本翻译的特点

#### （一）趣味性

人们在旅途中获得身体与精神的双重愉悦，旅游给人们的生活添加了丰富的色彩。同样地，旅游翻译者也可在翻译时体会到一定的趣味性，译者内心的满足感与征服感在面对高难度的学术性旅游翻译成功进行后逐渐膨胀，实现了人类对这种高级欲望的追求与渴望。

#### （二）理论性

翻译的理论性体现了学术研究的需求以及翻译实践的诉求。它在翻译学中有着重要的指导作用，具体体现在：一是在科学的翻译理论指导下，使得翻译实践高效有序地进行，减少了实践的盲目性和无目的性；二是翻译理论指导译者确立正确的翻译观；三是翻译理论又在科学理论指导的实践过程中得以发展完善。在实践过程中形成的翻译理论转变了传统的翻译理念，能激发译者的理性思考；同时，译者又借助翻译理论提升了自身的翻译水平。奈达的翻译准则、德国功能派理论等著名翻译理论在旅游翻译学界被广泛应用。

### （三）实践性

翻译理论必须结合相应的翻译实践才能发挥有效的作用。译者想要更好、更快地提升自身的翻译水平，就必须通过一些必要的旅游工作实践来充实自身的翻译理论，同时实践旅游翻译都有其特定的翻译标准和规范，译者在进行旅游翻译时必须遵守这些翻译原则。缺乏正确恰当的翻译价值取向作引导，实践旅游的翻译工作将很难完成。

### （四）特殊性

旅游翻译具有其自身的独特性，主要体现在：一是旅游翻译文本源于对具体旅游实践的总结与概述，因此其随机性和灵活性较强，丰富多彩的应用形式以及多样化的描述手法使得翻译文本内容丰富多变。二是基于涉外旅游服务人群的多元化及其不同民族、不同文化的背景，使得旅游服务必须针对性地提供相应的服务，以满足不同国度、不同民族习惯的需求，全方位细致化地为不同群体提供服务。三是英汉文化的巨大差异性使译者在翻译时必须充分考虑这两者在语言表达以及文化方面的差异性，给译者带来了一定程度的障碍。

## 二、旅游文本翻译策略分析

翻译策略指的是可以包括不同翻译技巧的翻译方案，在中外翻译史上，翻译策略一直是成对出现的，归纳起来，不外乎直译（字面译，literal translation）和意译（自由译，free translation）、语义翻译（semantic translation）与交际翻译（communicative translation）、异化翻译（foreignizing）和归化翻译（domesticating）。

其中，直译和意译之争在中西方均始于翻译开始之时。关于直译与意译的好坏，没有一个固定的答案，关键是译者是否读懂了原文，理解了原文的意思，理清了原文的逻辑关系，同时对目的语的表达习惯和方式了然于心，用最符合目的语表达习惯、又最贴近原文风格的语言表达出来。所以，直译和意译并不是一对完全对立的概念，而是辩证的对立统一。

针对不同的读者和翻译目的，有时要直译，有时要意译，不管是直译还是意译，只要原文的意思没有歪曲，同时又满足了目的语读者的期待和译者本人或翻译发起人的目的，而且译文读起来通顺，这就不失为好的翻译。语义翻译和交际翻译是纽马克（Newmark，英国）提出的两种翻译模式。

所谓“语义翻译”，就是重视原文的形式和原作者的意图，而非目的语的语境和表达方式。语义翻译一般适用于文学、科技文献和其他视原文语言与内容一样重要的原文类型。交际翻译则重视的是信息传递要符合目的语的语言表达习惯，而非生搬硬套一词一句地翻译原文语篇，给译者提供了充足的自主发挥空间，可根据目的语的语用方式适当地增加或删减原文内容，具有较大的灵活性。当然，纽马克提出的这两种翻译策略更多的是针对文本类型而言。而且，纽马克区分了语义翻译和忠实翻译，他认为语义翻译与忠实翻译的最大区别就是语义翻译要注重美学价值（比如原语文本中美妙的自然的声音），而交际翻译就是用目的语读者所能真正接受和理解的内容和语言传达原文最确切的语境意义。

综上所述，如果说直译和意译更多的是针对词和句法结构而言，语义翻译和交际翻译更多的是针对文本而言，在旅游英语翻译中必须考虑目的语读者对文本的接受，因此可以说，从文本类型看，交际翻译更适合旅游文本的翻译。

异化和归化更多的是针对文化而言。而且，上述翻译策略都有互相交叉的地方。比如语言中的文化意象的异化翻译实际上也是一种直译，但有时候直译后还需要添加注释才能说清楚。

## （一）直译

直译顾名思义就是如实地按照原文的信息进行翻译，强调信息的绝对对等性。这一翻译策略一般被用于旅游文本全是实质性信息、相关的文化内容相对较少的情况，译者只需注意中英语言结构方面的问题，其他无须多虑。这样不仅可以减轻译者的工作负担，同时也能给读者提供充足的信息。

例 1：On the southern slope of Goms，at the entrance to the Binn Valley，lays the mountain village of Ernen.A neat little village，with the parish church visible from afar，in fact awarded a prize for its particularly well-preserved village image.Here，since more than 25 years，annual concerts and master classes with renowned names in classical music have taken place in the“Music Village”Emen.

译文：小山村厄嫩位于戈姆斯南坡上，位于比恩山谷的入口处，在很远的地方就能看到小村的教区教堂。实际上，这座整洁的小山村因为保存特别完好的村庄形象而获得过大奖。这里的年度音乐会和大师班已举办超过 25 届，众多古典音乐界的著名人物都曾出现在“音乐村”厄嫩。

例 2：Despite a history of tourism dating back more than 100 years in the region，a genuine Alpine lifestyle still prevails in the destination of Gstaad.For instance，there are approx.200 agricultural businesses，the number of inhabitants and cows is almost equal with about 7000 each.Houses with a chalet architectural style dominate the villages in the region. Forests，meadows，streams and lakes-surrounded by a magnificent mountain panorama-create an impressive backdrop.

译文：尽管格施塔德作为旅游目的地的历史已经超过 100 年，但地道的阿尔卑斯生活方式依然在这里占据着主要地位。例如，这里约有 200 家农业企业和 7000 名居民，饲养着7000头奶牛。该地区的村庄依然以木屋式建筑风格为主，群山环绕的森林、草原、溪流和湖泊组成了一幅完美的背景画卷，令人叹为观止。

例3：莲花峰是黄山三大主峰中的最高峰，海拔1864米。从莲花岭到莲花峰顶的1500米路上，沿途有飞龙松、倒挂松等名松及黄山杜鹃。

译文：Lotus Peak is the highest peak among the three major peaks of Mount Huang-shan, with an elevation of 1864 meters.Along the 1500 meter route from Lotus Ridge to Lotus Peak, there are famous pine trees such as the Flying Dragon pine and the overhead hooking pine，as well as azaleas.

例4：紫禁城分成两部分，前部分有三大殿。皇帝在这里处理朝政，主持重要仪式。紫禁城内所有建筑物的屋顶都是黄瓦，黄色只有皇帝才能使用。

译文：The Forbidden City is divided into two sections.The front part has three large halls, where the emperor dealt with the state affairs and conducted important ceremonies. All buildings in the Forbidden City have roofs of yellow tiles，for yellow was the colour for the emperor.

以上的4个例子，不论是例1、例2的英文原文还是例3、例4的中文原文均包含了实质性的信息。例1主要介绍了厄嫩的信息，非常清楚明白；例2是对格施塔德的介绍；例3是对黄山上的莲花峰进行介绍；例4对紫禁城的结构及建筑特色进行了简要介绍。因此，在翻译中均做“直译”处理，这样目的语读者就可以直观地了解这些旅游目的地的信息。

## （二）直译加注释

注释主要是针对一些音译过来的人名、地名以及事件的解释，一般在人名、地名、事件的后面添加括号进行内容注释，以便于读者对文章人物、地方、事件有一个更加清晰的认识，使读者对文本形成一个整体的把控，调动读者对文章的阅读兴趣，以充实其自身的知识结构。注释不仅有利于读者对文章的阅读与理解，同时也是一种增词手段。

一般来说，英语旅游材料译成汉语时添加注释的情况不是很多，因为大部分英语旅游材料中除名人以外，很少涉及其他难懂的信息，所以一般不需要添加注释。直译加注释更多地适用于汉译英。

例1：霍元甲故居建于清同治初年，1997年进行了重新修葺。故居内陈列了与霍元甲相关的文物及其生前用过的遗物。西屋霍元甲书房墙上高挂着孙中山为精武体育会馆的题词：“尚武精神”。

译文：The former residence of Huo Yuanjia，built during the early years of the Tongzhi Period of the Qing Dynasty，was renovated in 1997.It displays cultural relics and daily belongingsrelated to Huo Yuanjia.On the wall in the west study of Huo Yuanjia hangs the inscription“UShang Wu Jing Shen”（which means martial spirit）written by Sun Yat-Sen for the Chin Woo Athletic Association.

例 2：当时在城西南的锡山开采出了锡矿，锡矿发现后，人们就把这个地方称为“有锡”。天长日久，锡矿挖完了，“有锡”便改成了“无锡”。

译文：Then on the Xishan Hill to the southwest of the city，a tin mine was discovered. After that，the city was named“Youxi”（which means“having tin”）.As time went by，the tin mine wasexhausted，and the city was renamed“Wuxi”（which means“having no tin”）.

例 3：路左有一巨石，石上有苏东坡手书“云外流春”四个大字。

译文：To the left is another rock engraved with four big Chinese characters“Yun Wai Liu Chun”（Beyond clouds flows spring）written by Su Dongpo，the most versatile poet of the North Song Dynasty.

例4：文人墨客常以古代美女西施来比喻西湖的娇美，因此它又有“西子湖”的美称。

译文：Many men of letters like to compare the West Lake in Hangzhou，whose Chinese name is Xi Hu，to the famous beauty Xi Shi of the State of Yue of the Spring and Autumn Period，calling it“Xi Zi Hu”，where“Zi”，in Chinese，is used to refer to a female person.

以上几个例子中，原句涉及很多文化名人，也许这正是读者不清楚不了解的地方。因此，对其加以适当的注释就可以使读者清楚所介绍的地方充满了怎样的文化底蕴和文化气息。后 3 个例子涉及地名、人名的汉字意义，如果只是直译，英语读者即使读懂了所要表达的意思，但是对于其根本意义以及文化内涵却不甚了解，因此对于这些汉字予以一定的解释就相当重要了，这不仅可以激发读者对旅游景点文化渊源的了解兴趣，同时在一定程度上也传播了中国文化。而例 1 中的“尚武精神”和例 3 中的“云外流春”四个字如果只用音译，对外国读者来说简直就是一头雾水，因为其认知程度还不足以达到这样的水平，而采用意译也一样不妥，可能会让外国读者产生不必要的误解。因此对于这种情况，音译结合注释是最佳的翻译策略，不仅可以准确地传递原文意义，同时也便于外国读者的阅读与理解。

## （三）增译

译者在原文的基础上适当地增添词语或句子就是所说的增译手法，译者通过使用增译策略来丰富译文的内容信息，有助于读者更加清晰地了解原文所要传达的内容，强化宣传效果。增译从其功能的角度来看可分为信息增译与修辞增译。一般来说，信息增译适用于汉译英，因为汉语旅游材料中许多名胜古迹均与一定的历史事件、典故和人物等联系在一起。除所述的对名称的解释外，有时还添加一定的信息，如例 3 中关于苏东坡所在朝代、年代以及苏东坡历史地位的字眼都是原文所没有的，可以增加一些背景资料有利于英语读者的了解。修辞增译一般适用于英译汉，由于英文背后的思维结构和审美心理不同于汉语，英文更注重信息和写实，汉语更注重艺术和渲染，所以一些英文旅游文本的翻译往往会在原文的基础上增加修饰词语，来渲染文本内容，满足中国读者的审美需求。

例 1：琼岛东北部有“琼岛春荫”碑，为 1751 年所建，附近风光秀丽，过去是燕京八景之一。

译文：In the northeast of Qiongdao Island，there is a stone tablet，erected in 1751，with“QiongDao Chun Yin”（Spring Shade on the Qiongdao Island）engraved on it.

It is said the inscription was written by Emperor Qianlong with his reign from 1736 to 1796）.This area，noted for its beautiful scenery，was counted as one of the eight outstanding views of Beijing.

例 2：（桃花源）始建于晋，初兴于唐，鼎盛于宋，大毁于元，时兴时衰于明清，萧条于民国，渐复于新中国成立后，大规模修复开始于 1990 年。

译文：Taohuayuan（the peach flower source）was first built in the Jin Dynasty，began to take shape in the Tang Dynasty，flourished in the Song Dynasty，and went to ruin in the Yuan Dynasty.With ups and downs through the Ming and Qing dynasties，it was almost abandoned in Minguo Periodbut restored from the year 1949，On.A large-scale renovation began in 1990.

例 1 针对“琼岛春荫”这一名称给予了相应的解释，同时增加了“It is said the inscription was written by Emperor Qianlong（with his reign from 1736 to 1796）”这一附加信息，用以介绍景点的历史渊源。

例 3：If you opt for the northerly shore route from the entry area，you'll find many caves and indentations as you explore the underwater terrain.The lava wall is literally filled with hiding places for Kona's famous ula（Spiny Lobster）and（although they are being over harvested）you just may glimpse one or two peeking out at YOU!

译文：如果沿第二条线路潜游，即从入口潜向北岸，观察水下地形时将看到许多大的空隙及缺口。熔岩床是科纳带刺龙虾的藏身之地（尽管已被大量捕捞），你还会发现有那么一两只正瞪大眼睛看着你！

从以上例子可以看出，译者对一些方位信息以及特殊情况进行了信息增译处理，帮助读者理解特殊信息，以便更好地游览。当然，更多的时候英译汉需要“修辞增译”，请看下面几个例子。

例 4：A hiking path passing a great many bathing spots，and shortly before Morges the way leads to a more than 1 kilometer long beach where thousands gather in summer to take are freshing swim.Marching into Morges you are flanked by beautiful flowerbeds and manicured gardens-and as the tour slowly comes to an end a stroll through the heart of the old town concludes a delightful excursion and healthy breath of flesh air in the nicest of ways.

译文：一条远足小径经过众多游泳区，快到莫尔日时会经过长度超过 1 公里的沙滩，夏季有成千上万的人在此舒爽畅游。进入莫尔日，您将被美丽的花圃和修剪整齐的花园包围—游览逐渐接近尾声，可以在老城中心悠然漫步，为这次充满欢乐的游览画上完美的句号。这一游览项目还使游客以最佳方式呼吸了健康的新鲜空气。

例 5：On the road leading from central Europe to Adriatic coast lies a small Slovenian town of Postojna.Its subterranean world holds some of Europe's most magnificent underground galleries.Time loses all meanings in the formation of these underground wonders.The drip stone-stalactites，columns，pillars and translucent curtains，conjure up unforgettable images...

译文：从中欧通往亚得里亚海岸的路上有一座斯洛文尼亚小城，叫作波斯托伊纳。这座小城的地下藏着欧洲一些最为神奇的美术馆，这些地下奇迹蔚为壮观，历史悠久，置身其中，可以欣赏到钟乳石、石柱、透明的石帘，可谓形象千姿百态，令人流连忘返。

例 6：The Glacier Express cuts a cross，section through stunning Switzerland-pure train-travel pleasure.You are our honoured guest，so prepare to be pampered in the Glacier Express.Savour meals specially prepared by our chef served in our stylish dining car.Or relax in your comfortable seat and enjoy coffee，snacks and drinks served from Our mini-bar. The Glacier Express is superb in all four seasons：shimmering peaks in summer，snow-covered，fairy-talescenery in winter，fabulous Alpine flowers in spring and a kaleidoscope of colour in autumn.

译文：冰川快车通过令人叹为观止的瑞士纯火车旅行横跨瑞士。作为我们的贵宾，您可以在这段无与伦比的旅途中尽情享受，您可以在优雅别致的餐车里品尝到厨师精心准备的丰富美食，同时放松心情，坐在舒适的座位上慢慢享用一杯香浓可口的咖啡或者品尝各种特色小吃。冰川快车为你展现出精湛的四季特色，给你带来永生难忘的旅行体验：春天，阿尔卑斯山百花齐放，争奇斗艳；夏季，闪闪发光的珠峰，熠光彩彩；秋天，万花筒的颜色，缤纷绚丽，带给你一场视觉盛宴；冬季，大雪覆盖下的世界宛如一场童话般的梦境。

例 7：In addition to the comfortable Post Cars all other means of transport，belonging to the reliable Swiss transport system，can be used.

译文：其他所有的交通工具都属于安全可靠的瑞士交通系统，人们可以随意乘坐，方便快捷。

对照以上例 4 ～例 7 的原文和译文，我们不难发现，译文下划线部分或多或少地属于增译的成分，有些完全是添加上去的，有的则是在原文词语基础上的进一步发挥，但我们不得不承认，这些添加或发挥的部分迎合了中文读者的审美诉求和思维习惯。

试想，如果没有这些部分，汉译文在具有艺术思维的中文读者中间就不会引起太多的共鸣，那么就起不到旅游文本的宣传语气，尤其是其中的四字成语，比如“无与伦比”“熠光彩彩”“缤纷绚丽”“叹为观止”“方便快捷”等。

另外，细心的读者还会发现，例 5 的译文中添加了动词“置身其中，可以欣赏到”，而例 6 中“让您尽享火车旅行的乐趣”和“冰川快车都带给您无与伦比的旅行体验”中的“尽享”和“带给”这两个动词也是译文中添加的。英语习惯静态地描述，而汉语中则偏向动态化地展示。因此基于这两种区别，译者需通过引用动词来体现汉语的动态特征，满足中国读者的审美需求。关于这个现象，请再看几个例子。

例 8：The Grand Tour leads from shimmering blue lakes to classic pre-Alpine landscapes that are like something out of a fairytale，with charming traditions，culinary specialities and enchanting surprises.

译文：环游之路从波光粼粼的蔚蓝色湖泊延伸至经典的阿尔卑斯山麓景区，一切都好像来自仙境，除了美景，还能盛量迷人的传统，品尝特色美食，令人难忘的惊喜。

例 9：A cart brake serves to make transport easy and convenient.

译文：行李车所配的制动装置使行李运送变得更加轻松便捷。

例 10：Austria is wedged between seven other countries，Liechtenstein，Switzerland，and the Federal Republic of Germany are to the west.Czechoslovakia is to the north.Hungary is to the east.To the south are Italy and Yugoslavia.

译文：奥地利与七国相邻：西濒列支敦士登、瑞士、德意志联邦共和国，北邻捷克斯洛伐克，东连匈牙利，南接意大利和南斯拉夫。

对照译文和原文可以看出，例 8 增加了动词“感受”“品尝”和“发现”，例 9 增加了动词“变得”，例 10 分别添加了 4 个不同的动词“濒”“邻”“连”“接”，显得生动形象，又避免了重复。

### （四）省译

省译，顾名思义就是在进行翻译的时候对于部分内容进行适当的省略，所以也叫作删减翻译。在翻译旅游相关内容的时候，“省译”一般适用于汉译英。中国的关于旅游的文本内容常常采用一些夸张的描写方式写景，并对景物的形象进行赞美和抒情。这种介绍方式其实更加符合汉语中的美学思想，是中国读者所愿意接受的，并且符合其审美诉求。但是对于英语读者来说，因为他们的思维方式往往是比较直接的，所以更加喜欢那些实质性的描述。

在旅游文本的汉译英过程中对上述情况采取“省译”的策略是必要的。请看下面的例子。

例 1：满树金花、芳香四溢的金桂；花白如雪、香气扑鼻的银桂；红里透黄、花多味浓的紫砂桂；花色似银的四季桂；竞相开放，争艳比美。进入桂林公园，阵阵桂香扑鼻而来。

译文：The Park of Sweet Osmanthus is noted for its profusion of osmanthus trees.Flowers indifferent colours from these trees pervade the whole garden with their fragrance.

例 2：亚龙湾最突出、最引人入胜的是她的海水和沙滩。这里湛蓝的海水清澈如镜，能见度超过 10 米，海底珊瑚保存完好，生活着众多形态各异、色彩缤纷的热带鱼种，是国家级珊瑚礁重点保护区，因此也成了难得的潜水胜地。亚龙湾柔软细腻的沙滩洁白如银，延伸约 8 公里，长度约是美国夏威夷的 3 倍。

译文：The most striking view of the bay is the sea and the beach.The sea water is clear with visibility as far down as 10 meters.Under the surface are all kinds of coral and colorful tropical fish，making it an ideal destination for divers.The beach covered with silver-white sand extends 8 km，three times the length of the beach in Hawaii.

例 3：徽派建筑是中国古建筑最重要的流派之一。徽派建筑构思精巧、自然得体、造型丰富，讲究韵律美，以马头墙、小青瓦最有特色；在建筑雕刻艺术的综合运用上，融石雕、木雕、砖雕为一体，显得富丽堂皇，极具文化气息。

译文：Huizhou Style Architecture is one of the most important styles in ancient Chinese architecture.It is exquisitely designed in various shapes，characterized by Matou Walls and Chinese-style tiles.

例 4：江岸上彩楼林立，彩灯高悬，旌旗飘摇，呈现出一派喜气洋洋的节日场面。千姿百态的各式彩龙在江面游弋，舒展着优美的身姿，有的摇头摆尾，风采奕奕；有的喷火吐水，威风八面。

译文：High-rise buildings，ornamented with coloured lanterns and bright banners，stand along the river banks.On the river itself，decorated loong-shaped boats await their challenge，displaying their individual charms.Some wag their heads and tails and others spray fire and water.

通过上面的例子可以发现，中文的旅游文本为了能够吸引读者的兴趣，因此会做出迎合他们的审美和思维的文本介绍，往往是在尽力夸大和渲染描述景物。但是如果将这样的中文介绍进行直译，却是大大不符合英语读者的审美和思维的，他们更加喜欢真实、简洁、逻辑性强的旅游文本，因此这种文本很难起到好的宣传效果。所以在进行英文翻译的时候，需要将那些并没有实际意义渲染的词句删除，只将那些客观真实的信息进行翻译。这样翻译出来的旅游文本既可以满足英语读者的审美，又可以达到一个好的宣传效果，可谓一举两得。除这种省译外，有时一些引用的复杂诗句也会省译。

例 5：素有“京东第一山”美称的盘山，历史上曾被列为中国十五大名胜之一。清乾隆帝曾二十八次游览此山，赞叹“早知有盘山，何必下江南”。景区自然风光秀丽，人文古迹众多。

译文：Renowned as "the first mountain to the east of Beijing", Mount Pan has beautiful scenery and numerous historical relics, listed as one of China's 15 major historic attractions.Emperor Qianlong of the Qing Dynasty visited it 28 times and praised it as a marvel.

例 5 中的"早知有盘山，何必下江南"这样的语句如果直接翻译出来，英语读者很难理解，无助于达到宣传的目的，所以就应该直接删去，这样就能够让文章流畅自然，功能对等。

## （五）释义

所谓释义，翻译成英文为 paraphrase，用到翻译中就是翻译入通过理解原文的意思用自己的话进行原文解释，而不进行逐字逐句的翻译。在旅游文本翻译中，这种策略可用于原文引用了比较难懂的诗句或典故但直译加注释又显得没有必要的时候。此种策略一般也适用于汉译英。

例 1：风和日丽时举目远望，佘山、金山、崇明岛隐隐可见，真有"登泰山而小天下"之感。

译文：Standing at this altitude on sunny days，one has the feeling that the world below is suddenly belittled.（或 When one looks out from such an altitude on sunny days，the world before him seems to be suddenly belittled.）

例 2：舟的前方驾着一柄长舵，形如关云长的青龙偃月刀。

译文：In front of the boat is a long helm，which is shaped like the knife on the westerners' dinnertable.

例 1 原文中"登泰山而小天下"这句话只译出了其中的意思，没有直译，例 2 原文的"关云长的青龙偃月刀"如果直接翻译出来，由于英语读者很可能不明白谁是"关云长"，所谓的"青龙偃月刀"又是什么样的刀，因此难以理解它所代表的文化内涵。而如果一一进行解释又太过烦琐，也未必能够达到好的效果，所以在进行英文翻译的时候，对这样的内容采用解释的方式处理更加恰当。如将"青龙偃月刀"的形态解释为西餐中的餐刀，这就很容易理解，并且让读者感到很亲切，没有陌生感，是一种巧妙的寻找最佳关联点的译法。

## （六）归化

在翻译旅游文本的时候，对于一些文本中过于复杂的或者读者难以理解的陌生文化形象，有时会用到"归化"的翻译方式。请看下面的例子。

例 1：济公劫富济贫，深受穷苦人民爱戴。

译文：Jigong，Robin Hood in China，robbed the rich and helped the poor.

例 2：（苏州）境内河流湖泊密布，京杭大运河纵贯南北，是著名的江南水乡。With so many rivers and lakes in it and the Beijing-Hangzhou Grand Canal through it，Suzhou is renowned as“Venice of China”.

译文：综上所述，旅游文本的翻译策略是灵活的，要根据不同的情况以及旅游文本的翻译目的进行选择。

## 三、译文辨析

例 1：The Sydney Opera House，by the reclusive Danish architect Join Utzon，is the mother and father of all modem landmark buildings.It has more in common with the work of the American maverick genius Frank Lloyd Wright，for whom Utzon worked briefly.Its location is of an enormous help，sitting as it does on a promontory with water on three sides and the famous Sydney Harbor Bridge as a picture-postcard back-drop.

译文 1：丹麦设计师约恩•乌特松设计的悉尼歌剧院是所有现代标志性建筑的鼻祖，与美国标新立异的天才弗兰克•劳埃德•莱特的作品颇有相似之处，乌特松曾为他工作过一段时间。当然，它还得益于其地理位置，它坐落在三面环水的海角，背景是风景明信片般的著名的悉尼海港大桥。

译文 2：悉尼歌剧院由丹麦设计师约恩•乌特松设计，是现代标志性建筑的鼻祖，与美国标新立异的天才弗兰克•劳埃德•莱特(著名的建筑设计师)的建筑颇有相似之处，这是因为乌特松曾为莱特工作过一段时间。悉尼歌剧院的地理位置十分优越，坐落在三面环水的海角，其背后则是风景如画的著名悉尼海港大桥。

辨析：译文 1 的第一句话显得有些啰唆，实际上“是现代标志性建筑的鼻祖”已经说明是“所有标志性建筑”，因此可以省略“所有”二字，另外，原文虽然给出了 Frank Lloyd Wright 是美国人这一信息，但最好在括号内加一个注释，说明莱特是建筑设计师。“还得益于其地理位置”过于直译，显得有些生硬，所以不如将译文像译文 2 那样稍作调整，反而更符合中文的表达习惯，另外该部分译文 1 中的两个“它”字令译文显得拗口，不如译文 2 那样按照汉语的习惯进行省译。译文 1 最后一部分“背景是风景明信片般的著名的悉尼海港大桥”和“明信片般的”从语序上看都有些“硬译”的痕迹，不如译文 2“其背后则是风景如画的著名悉尼海港大桥”来得通顺。因此，相比较而言，译文 2 比译文 1 更为可取。

例 2：Nowhere is it more pervasive than in Scotland's dramatic capital city.Stroll through the cobbled streets of the medieval Old Town and remember the monarchs, religious zealots and literary giants who walked this way before you.Visit the castle and uncover 1000 years of Scotland's tumultuous past.Have a pint in Deacon Brodie's Tavern and learn about the devious Edinburgh citizen who inspired Robert Louis Stevenson's tale of Dr

Jekytl and Mr Hyde.

译文 1：没有比极富戏剧色彩的苏格兰首府历史气息更浓的地方。漫步于中世纪风格的旧城那些用鹅卵石铺成的街道，你会想起在你之前的君王文坛巨匠。造访那座著名的古堡，你会揭开苏格兰动荡不安的千年历史。到布洛迪会长酒店喝上一品脱酒，你会了解激发了史蒂文森写《化身博士》灵感的那位表里不一的爱丁堡市民。

译文 2：历史气息最浓的地方，莫过于戏剧色彩浓厚的苏格兰首府。漫步于具有中世纪风格的旧城那用鹅卵石铺成的街道，就会想起也曾行于此道的历代君王和文坛巨匠；造访那座著名的古堡，就会揭开苏格兰动荡不安的千年历史；到布洛迪会长酒店喝上一杯，就会了解到那位表里不一的爱丁堡市民，一位激发了史蒂文森《化身博士》灵感的市民。

辨析：译文 1 总体上说来属于过于“直译”型的译文，比如第一句话的比较级的翻译、第二句话的“君王”这个词和最后一句话中的“品脱”这个词都太过直译了。还有整个译文的语序和出现的过多的“you”的翻译，都使得整个译文过于生硬不流畅。译文 2 在这几方面进行了调整，比较级译成了最高级，符合中国读者的表达习惯；“君王”变成了“历代君王”，增译了“历代”，实际上正好把原文的复数和语境很好地再现出来；原文的 pint 只是一种借代手法（metonomy），实际上借代“酒”，所以译文 2 将之译为中文关于酒的借代“一杯”；另外，译文 2 将所有的第二人称省译，因为原文使用 you 这一第二人称代词只是为了拉近读者，实现旅游宣传的目的，同时又为了文法（主谓结构）的需要，而汉语则可使用无主句表示泛指。细心的读者还会发现，译文 2 使用了“就会……”这样的排比，最后一部分做了拆译处理，使译文更加通顺。当然，还可以在“布洛迪会长”后面加括号对其进行简单的解释。

例 3：Lucerne and the Lake Lucerne Region await you with a unique combination of landscape，culture and activities.The Lake Lucerne Region is the perfect place to recover in a healthy and sustainable environment：the UNESCO Biosphere Entlebuch is one of Switzerland's finest and most fascinating regions，offering a unique natural environment and perfect relaxation for mind and body.Lake Lucerne with the largest inland navigation system in Europe and the famous places and hotels on the Lucerne Riviera，the world's steepest cogwheel railway to Mt.Pilatus and the perpetual snow on Mt.Titlis all go to make unforgettable experiences in fascinating natural surroundings.

译文 1：卢塞恩和卢塞恩湖区等待你来此感受这里独特的美景、文化与活动。卢塞恩湖区是健康和持续的环境：联合国教科文组织的生物圈 Entlebuch 是瑞士最好、最迷人的地区之一，提供独特的自然环境和完美的身心放松。卢塞恩湖、欧洲最大的内河航运系统、卢塞恩里维埃拉著名的景点和宾馆、通往皮拉图斯山的世界最陡峭的齿轨铁路以及铁力士山的常年积雪构成你在迷人自然环境中的难忘体验。

译文 2：卢塞恩和卢塞恩湖区期待着您来感受这里纯净自然的美景、多姿多彩的文化与丰富多彩的活动。卢塞恩湖区是您在健康和可持续的生态环境中恢复活力的理想之地：联合国教科文组织的生物圈恩特尔布赫（Entlebuch）是瑞士最令人神往、最迷人的地区之一，这里自然环境独特，您的身心可得到彻底放松。卢塞恩湖、欧洲最大的内河航运系统、卢塞恩里维埃拉著名的景点和宾馆、通往皮拉图斯山的世界最陡峭的齿轨铁路以及铁力士山常年的皓皑积雪构成了一幅迷人的画卷，为您流连忘返的旅行体验提供了精美的自然背景。

辨析：首先，对照译文 1 和译文 2 就会发现，译文 2 有多处增译，尤其是增译了原文的一些描述型形容词，如 a unique combination of landscape，culture and activities 在译文一中只是“独特的美景、文化与活动”，而在译文 2 中则变成“纯净自然的美景、多姿多彩的文化与丰富多彩的活动”，我们可以看到，为了满足中文读者的审美，译文 2 在每个名词前面都加上了修饰性的词语。原文的最后一部分 all go to make unforgettable experiences in fascinating natural surroundings 在译文 1 中基本属于词对词的翻译，即“构成你在迷人自然环境中的难忘体验”，而在译文 2 中则稍作变通，同时也在句子中添加了复杂的修饰语言。

对比两个译文，会发现译文 1 相对翻译得过于生硬，而译文 2 则灵活很多，而且在没有改变原文意思的同时使得语句更加顺畅，更加符合中文读者的审美和思维方式，起到了很好的宣传效果。另外，you 译成“您”要比译成“你”更符合中文的礼貌原则（politeness principle）。

例 4：飞水潭是鼎湖山空气含负离子最高的地方之一，飞瀑、绿树、幽潭组成了一个清凉世界。这里常有女子弹古筝，端正的面庞、悠扬的乐曲与溪流声相互辉映，就是一幅绝美的图画。

译　文1：The Splashing Water Pond is one of the places with the highest density of negative ions in the air in the Dinghu Mountain.The flying waterfall, green trees, and the deep pond constitute a picturesque world.Here often a beautiful lady plays zheng, a Chinese zither with 25 strings.Her angelical face, melodious music and the stream flow sound match harmoniously.What a beautiful scene it is!

译文 2：The Splashing Water Pond is well-known for its fresh air in the Dinghu Mountain area，where the splashing waterfall，the deep pond and surrounding green trees present to you a picturesque scene.

辨析：在原文中用“这里常有女子弹古筝，端正的面庞、悠扬的乐曲与溪流声相互辉映，就是一幅绝美的图画”描述景点的美丽。比如“古筝”这个词会让读者想象出高山流水的景象，一种古典美浮现在脑海之中。但是将这样的内容翻译成英文的时候，英文读者并不了解这样的文化背景，所以看到“古筝”这个词并不会联想到高山流水，那样就没法起到介绍景点的效果，所以在翻译的时候就不如直接省去。

另外，“空气含负离子最高”不必直译为 with the highest density of negative ions in the air，可以像译文 2 那样变成 fresh air，因为这毕竟是出自旅游材料而非科技材料，应该使用通俗的表达方式。所以，如果向英文读者介绍这个地方，译文 2 是更好的选择。

例 5：“什刹海水上游”采用长 7 米、宽 1.7 米，依“清明上河图”中船形打造的古色古意的橹船作交通工具，从水路穿过银锭桥去宋庆龄故居、广化寺和恭王府花园。日落西山船行什刹海，游人点起纸河灯放入水中，灯浮水面沿船尾浮动，忽明忽暗灿烂一片，这一景象使人恍如回到唐宋年间的西湖月夜。

译文 1：In the“Cruise on the Shicha Lake”，a scull with the size of 7m×1.7m is used which is an old-timey imitation of the traditional one as shown in Along the River during Chingming Festival.By this boat，you can cross Yinding Bridge to the Former Residence of Soong Ching Ling，Guanghua Temple and Gongwangfu Garden.When cruising on the Lake at the sunset，you can light the paper lantern and put it on the water.The lantern floats and flickers around the stem，which seems to bring you back to the moonlit night around the West Lake in Tang and Song dynasties.

译文 2：Visitors can cruise the Shicha Lake on a 7m x 1.7m boat which is an imitation of the one represented in Along the River during Chingming Festival，the famous painting by Zhang Zeduan of the Song Dynasty.During the cruise，you can cross Yinding Bridge to visit the Former Residence of Soong Ching Ling，Guanghua Temple and Gongwangfu Garden.When cruising on the Lake in twilight，you can light a paper lantern in person and put it on the water.Seeing the the flickering light in the lantern，you may think you were visiting the West Lake in Tang and Song dynasties on a moonlit night.

辨析：译文 1 对“什刹海水上游”“依清明上河图中船形打造的古色古意的橹船”“游人点起纸河灯放入水中，灯浮水面沿船尾浮动，忽明忽暗灿烂一片”均采用了直译，显得有些冗长拗口，尤其是后面这部分显得过于 Chinglish。但对“《清明上河图》”没有做任何解释，这对英语读者来说似乎有些陌生。译文 2 对译文一直译的地方作了修正，主语分别使用 visitors 和 you，能够拉近与读者的距离，在“《清明上河图》”的英文之后使用增译，对此进行一定的解释，这样可以使英语读者更好地理解，尤其是最后一部分。

译文 2 的 Seeing the the flickering light in the lantern，you may think you were visiting the West Lake in Tang and Song dynasties on a moonlit night 和译文 1 的 The lantern floats and flickers around the stem，which seems to bring you back to the moonlit night around the West Lake in Tang and Song dynasties 显得更为直观，在介词使用方面更为准确。

例 6：这“龙”一般的蜿蜒，给 4.2 万平方千米的河套平原、宁夏平原带来了丰沛的水源，使少雨干旱的土地得到乳汁般的滋养，成为盛产粮食的膏腴殖壤，被誉为“塞上粮仓”或“塞北江南”。诗仙李白深情高歌：“黄河落天走东海，万里写人胸怀间。”正是得益于秦岭的气候屏障、水源滋养和丰富物产，才会有，八百里秦川的风调雨顺，才会有周、秦、汉、唐十三朝帝都长安的绝代繁华。

译文 1：This river，winding like a dragon，brings bountiful water resource to the Hetao Plain and the Ningxia Plain with an area of 42000 square kilometers.With its nurturing like milk，this dry land has become fertile and productive，reputed as “the granary beyond the GreatWall” and “the bountiful Yangtze Delta on the northern frontier of China” .Li Bai.the Poetry Immortal，once depicted it as follows：“From the heaven the Yellow River falls and to the sea in the east it roars；in our bosom its great length can rest.” It was the Qinling's protection from extreme climate，the rich water resource and the bountiful goods that created the favorable condition of the vast land of the Guanzhong Plain，and the unrivaled prosperity of Chang'an（today's Xi'an），the capital of thirteen dynasties in ancient China including Zhou Dynasty，Qin Dynasty，Han Dynasty and Tang Dynasty.

译文 2：This winding fiver brings bountiful water resource to the Hetao and the Ningxia plains with an area of 42000 square kilometers.Thus this dry land has become fertile and productive，reputed as “the granary beyond the Great Wall” and “the bountiful Yangtze Deltaon the northern frontier of China” .Li Bai，the Poetry Immortal，once depicted the river's spectacle in one of his poems.It was the Qinling Mountains protecting the area from extremeclimate，and the rich water resources and local products that created the favorable condition of the vast Guanzhong Plain，and thus the unrivaled prosperity of Chang'an（today's Xi'an），the capital of thirteen dynasties in ancient China including Zhou，Qin，Han and Tang.

辨析：比较两个译文后不难发现，译文 1 过于拘泥原文，不仅将“龙”这一文化意象直接移植到英文里来，还把“得到乳汁般的滋养”和李白的诗直译过来，这种文化上的异化会让英语读者产生不良的联想，“得到乳汁般的滋养”的英译文显然属于“中式英语”，诗歌译文显得烦琐难懂，达不到旅游宣传的日的，反而会破坏读者的兴趣。译文 2 在这些地方都进行了简化处理，采用释义和修辞省译的策略，使得译文更加简洁易懂，容易接受。另外，译文 1 中的下划线部分在译文 2 中也做了简化处理，但为了让读者对中国的朝代有更清楚地理解。

# 第二节　旅游文本翻译中的用词方式

中英文的旅游材料既有普通文本的用词特点，又有这一文本类型独特的用词特点。比如，中英文旅游文本的用词一般都倾向正式，属于书面语，都使用一些具有描述性的形容词、动词、名词等，而且词汇涉及旅游的方方面面。英语旅游文本的词汇并非倾向口语体，大部分文本仍然倾向使用正式词汇。

## 一、中英旅游文本用词共同特点及翻译

每种文体都有自己的词汇特点，词与文体有着密切的关系。斯威夫特（J.Swift）给文体下的定义就是："把恰当的词用在恰当的地方。"（Proper words in proper places make the true definition of a style.）因此，文体学特别强调场合与选词的关系，也就是说，词的恰当与否"首先取决于作者或说话者的主题（subject），对象（audience）与目的（purpose）"。

具体来说，法律文体中的用词看起来庄重、严谨，符合法律的口吻，科技文体的用词看起来要正式、专业，符合科技的口吻，等等。那么，在进行旅游文本翻译的时候也要考虑其文本所具有的特点和语气，这样才能够真正地起到宣传的效果。其实中英文在旅游方面的词汇是有很多的共同之处的，譬如都会使用一些描述性的词汇，在表达信息的时候用词相对简单。另外，为了拉近与读者的距离，会经常使用第二人称代词，为了表示承诺，则使用情态动词。

### （一）宣传景点时使用的词汇描述性很强

无论是英语的旅游材料还是中文的旅游材料，为了吸引读者来景点旅游，都会使用一些渲染力度很强的词汇来体现这个景点的魅力。这些描述性的词汇在译成汉语时往往比较容易，因为汉语更注重文词的华美。但反过来，中文的一些四字描述词汇在译成英文时往往要打一定的折扣，当然也要适当挑选一些描述类英文形容词、动词或名词等表述出来，不过要注意避免语义重复和冗余。

例 1：Welcome to breath-taking views，unforgettable moments and impressive scenery. Springtime in Interlaken debauches with blooming landscapes，natural alpine air，crystal clear rivers and rustling waterfalls.Snow-covered mountains and sunny days invite for springtime skiing in the Jungfrau region.

译文：欢迎前来欣赏令人叹为观止的美丽风光。春天的因特拉肯景色宜人，让人流连忘返，这里有纯净的山区空气、水晶般清澈剔透的河水和哗哗作响、飞流直下的瀑布。另外，白雪皑皑的高山和灿烂明媚的阳光都在热情地迎接您春天来少女峰地区滑雪。

例 2：The Hawaiian Islands are one of the most beautiful places on earth.The weather is friendly.The temperature ranges from 60 ～ 90 degrees（Fahrenheit）all year long.It's a little warmer in summer，and a little cooler in winter，but every day is a beach day for somebody.

译文：夏威夷岛是世界上最具魅力的地方之一。这里天气晴朗，气候宜人，气温常年在华氏 60~90 度。夏天稍暖，冬天稍凉，但每天都是晒太阳的好日子。

例 3：Switzerland has always kept a tight grip on its vibrant，colourful and quirky traditions.The country's linguistic and cultural diversity and its remote valleys have given rise to a huge and fascinating array of local customs and festivities，many of which still thrive today.

译文：瑞士始终保持其充满活力、多姿多彩、独具特色的传统。瑞士的语言和文化多种多样，山谷远离尘嚣，这一切孕育了众多迷人的当地风俗和节庆活动，其中有很多风俗和活动至今依然充满旺盛的生命力。

例 1 中的形容词 breath-taking、unforgettable、blooming、crystal clear、rustling、snow-covered、sunny 等都是描述性很强的形容词，表现出 Interlaken 旖旎的风光和纯净的空气，动词 debauch 多少有些夸张，invite 又是一个拟人的手法。汉语译文将多数形容词译成了四字短语，符合中文读者的审美预期，debauch 找不到一个非常贴切的动词，所以变为中文常用的形容词短语，invite 则译为“热情地迎接”，添加了“热情”，而“迎接”也属于拟人手法，所以生动地再现出原文的宣传语气，同时使中文读者获得一种美的享受。

例 2 使用了 most beautiful 和 friendly 这两个描述性形容词，译文称为“最具魅力”和“天气晴朗，气候宜人”，比直接译为“最美丽”和“友好”要工整得多，同时更具美感，能满足汉语读者的审美预期，从而达到宣传的效果。

例 3 中的 vibrant、colourful、quirky 分别译成了汉语的四字格，尤其是 quirky 在这里是褒义词，因此不能译成“诡异的”。另外，remote 译成“远离尘嚣”让人产生一种清净的感觉，diversity 转译成了动词。

中文旅游材料中的描述性自不待言，因为善于使用华丽隽永的辞藻本身就是汉语的一大特点，更不必说在旅游文体中了。请看下面的例子。

例 4：这里千峰竞秀，有奇峰 72 座，其中天都峰、莲花峰、光明顶都在海拔 1800 米以上，拔地擎天，气势磅礴，雄姿灵秀。

译文：Here you can enjoy numerous magnificent peaks including 72 in odd shapes，with Tiandu，Lianhua and Guangmingding above 1800 meters in altitude.They all rise up like giants，forming into spectacular scenery.

例 5：城内外遍布名胜古迹。寒山寺，诗韵钟声，脍炙人口；虎丘，千年古塔，巍然屹立；天平山，奇石嶙峋，枫林如锦；洞庭东山，湖光山色，花果连绵。

译文：The city abounds with fine scenery and historical interest.The popular Hanshan Temple，with its charming bell，has inspired many a poetic mind.On the Tiger Hill，a thousand-year-old pagoda stands in majesty.The Tianping Hill is featured by grotesque rock formations and red maple woods while luxuriant fruit-trees add to the natural beauty of East Dongting Hills and lakes around.

例 6：尖峰岭是中国现存面积最大、保存最完好的热带原始森林区。在尖峰岭的黑岭东边，有一个群山环抱的盆地，由于终日被云雾笼罩，翻卷飘荡，有"天池"的美称。

译文：The Jianfeng Ridge is China's largest and best-preserved tropical primitive forest area.On the east of its Black Ridge，there is a basin surrounded by mountains.Veiled in mist and clouds，it is known as "Heaven Lake".

非常明显，例 4 ～例 6 的英译文中虽然使用了一些描写的词汇，但和原文相比，英文中有一定的删减。

## （二）表达信息时使用的词汇相对简单

旅游文本的产生实际是为了宣传，通过向读者进行广泛和生动的宣传，吸引他们来到景点旅游或者参与设计的旅游项目。考虑到读者的受教育水平不一样，所以在旅游文本创作的时候要尽量使用一些简单的语言，这样的情况在中英文中都存在。

例 1：Cross the bridge and turn behind the Winter Palace.In the middle of the huge Palace Square stands the Alexander Column.It commemorates Russia's victory over Napoleon.The 650-ton granite column is not attached to the base in any way.Its own weight keeps it uptight.Hoisted into place in 1832，it has stood there ever since.

译文：过了桥转到冬宫的后面，巨大的冬宫广场中间竖立着亚历山大圆柱，此柱为纪念俄国和拿破仑交战的胜利而建。650 吨的花岗石圆柱底部并未以任何方式固定，底部也无任何支撑。自 1832 年竖立之后，便一直站在那里。

例 2：Zermatt is surrounded by thirty-eight 4000m/13000ft high mountains.Today you go on an excursion by cogwheel railway up to the famous Gomergrat where you will have a superb panoramic view of the Matterhorn，Mont Blanc and many other snow-capped peaks. Over night at the hotel Simi in Zermatt.

译文：采尔马特四周环绕着 38 座海拔 4000 米 /13000 英尺的高山。如今可以乘坐齿轨列车前往著名的戈尔内格拉特，在那里欣赏马特宏峰、勃朗峰和众多积雪覆盖的山峰。在采尔马特的 Simi 宾馆过夜。

例 3：When purchasing a Swiss Travel Pass Flex or Swiss Transfer Ticket，the additional Swiss Half Fare Card Combi is obtainable at the same time.She costs CHF 60 and has the same advantages as the Swiss Half Fare Card.

译文：购买瑞士旅行通票（活期）或瑞士转乘票可同时购买瑞士半价组合卡，该卡价格为 60 瑞士法郎，可享受的优惠内容与瑞士半价卡相同。

例 4：沧浪亭位于人民路的南端，是苏州最古老的园林之一。

译文：Located on the southern end of Renmin Road，the Canglang Pavilion（Surging Waves Pavilion）is one of the oldest gardens in Suzhou.

例 5：云南有 26 个少数民族，是中国少数民族种类最多的省份。各民族的服饰、建筑、风俗、歌舞、饮食等，形成了一幅美丽的风情画卷。

译 文：Home to 26 ethnic groups-the largest number in China-Yunnan Province offers tourists a cultural feast of unique ethnic costumes，architectures，customs，cuisines，songs，and dances.

例 6：三亚位于海南岛最南端，是中国最南部的热带滨海旅游城市。三亚市别称鹿城，又被称为"东方夏威夷"，它拥有全海南岛最美丽的海滨风光，为顶级的旅游胜地。

译文：Sanya，located on the southernmost tip of Hainan Island，is China's southern most tropical seaside tourist city.Sanya is nicknamed "Deer City" and known as the "Oriental Hawaii".The most beautiful coastal scenery on Hainan Island can be found here，making it an excellent tourist destination.

仔细阅读以上 6 个例子后不难看出，无论是英语的旅游材料还是汉语的旅游材料，在涉及实质信息时都会使用一些简单的词汇，没有夸张和渲染的成分，没有过多的修辞手法，使受教育程度一般的读者都能读懂，从而达到宣传的目的。这些简单词汇在翻译成中文或英文时也应尽量使用一些常用词汇，以期达到在目的语读者群中介绍信息的目的。

### （三）均使用第二人称代词

不管是中文还是英文的文章都常常使用第二人称，因为很多时候第二人称并不是专门指一个人，而是一种泛指，指每个读者，这种用法在旅游文本中也常使用，可以给读者一种亲切的感觉，减少距离感，这样就能够更好地起到宣传效果。所以，第二人称的使用对旅游文本来说是很重要的。

一般来说，由于两种语言均存在这样的现象，所以中英文旅游文本中的第二人称代词有些可以直译，但由于中英文化的差异，英文旅游文本中的 you 如果需要翻译的时候，一般会选用显示礼貌的"您"。由于汉语有时表示泛指的句子中会省略主语（即无主句），所以英文中的 you 有些情况下可以选择省译，建议首先考虑是否可以省译，如果不能省译，再考虑译成“您”。下面举例分析：

例 1：Here you'll find architectural gems，outstanding museums，lakefront promenades and Old Town alleyways lined with cafes，boutiques and speciality shops.

译文：这里可以看到建筑界的珍宝、一流的博物馆、湖滨漫步区以及两侧咖啡馆、时装店和特产店林立的老城街巷。

例 2：You're not permitted to bring your own food to the park；you can only consume the fast food sold on the premises.

译文：不允许自带食物进入园中，只能在里面的快餐店用餐。

例 3：If you like kitsch，you won't want to miss the bizarre melange of cultural artifacts at the National Museum of American History.

译文：如果您喜欢一般的工艺品，一定不要错过美国国家历史博物馆的各种文化工艺品大市场。

例 4：With the wind in your hair and the sun in your face，you can take in the natural wonders of the lake in beautiful slow motion，such as the wild，romantic Giessbach Falls.

译文：微风掠过发梢，阳光洒在脸上，（您）可以在美丽的慢动作中尽享大自然的各种神奇美景，比如狂野而不失浪漫的吉斯河瀑布。

这 4 个例子中，前两个译文省译了 you，尤其是例 2，由于原句表达的是一种规定，表示禁止，汉语在表达一种规定时往往使用无主句，这样“可以使表达的内容更显客观、公正”。例 3 和例 4 中的 you 则译为中文更为礼貌的“您”，既显出对读者的尊重又拉近了与读者的距离。当然，例 4 中的 you 也可以省译。

相反，汉语旅游材料中也经常使用“你”或“您”来表达一种亲切的语气，一般均直译为英语的 you。

例 5：当你在杨柳青年画作坊亲眼所见那传世的印版、五彩的颜料、娴熟的画技，或许更能领略到这早已闻名四海的中国非物质文化遗产的无穷魅力，你不得不感叹这民间艺术奇葩的恒久生命所在。

译文：When you see in the workshops for yourself the printing plates handed down from ancient times，the multicoloured pigments and the consummate skills，perhaps you will get a better understanding of the charm of this world-famous Chinese nonmaterial cultural heritage. And you cannot help marvelling at the lasting vitality of the exqui site folk art.

例 6：我们还专门为您安排了“环岛一日游”，带给您最大的舒适与享受。您既可以留在船上度过令人难忘的一天，也可以在几处停靠站下船游览，饱览岛上的宜人风光。

译文：Our Round-the-Island Day Excursion has been specially designed to offer you maximum comfort，luxury and enjoyment.You can either spend a perfect day without leaving the cruise or pay visits to the added attractions of the fascinating shore at each of our places of call.

由于英语中第二人称代词只有一个 you，所以例 5 中的“你”和例 6 中的“您”均直译成了英语的 you。

### （四）均使用形容词的比较级和最高级

旅游文本属于宣传广告类型，而广告在使用一些用来修饰的形容词的时候，喜欢用这个形容词的比较级甚至是最高级来凸显自己介绍的这个产品比其他的产品都好，在旅游文本中也常是这样使用的。

其实文本中的比较级可以直接进行翻译，但是在中英对译的时候常常把英语的比较级翻译成中文的最高级，因为这样会更具说服力、更简洁、更通顺。请看下面的例子。

例 1：Out of all of America's symbols，none has proved more enduring or evocative than the Statue of Liberty.

译文 1：在美国所有的标志当中，没有比“自由女神”更持久、更具感召力的了。

译文 2：在美国所有的标志当中，“自由女神”最为持久，也最具感召力。

例 2：Easy to reach by road and rail，for decades this resort in the heart of the Bernese Oberland has been one of the most popular destinations for every visitor to Switzerland.

译文：该旅游胜地位于伯尔尼高地中心地带，数十年来，已成为瑞士最受欢迎的旅游目的地之一。

对比例 1 的译文 1 和译文 2，不难看出，译文二将形容词的比较级转译为最高级，反而使文章更加简练流畅，且语言结构更加紧凑，从而更加具有宣传效果。例 2 原文本身就使用了最高级，翻译的时候直译处理即可。

汉语旅游材料中的最高级要根据具体情况处理。请看下面的例子。

例3：全国以西湖命名的淡水湖有36处，杭州西湖就是其中自然风光最秀丽的一个。

译文：In China，there are actually 36 fresh-water lakes that have got the name of West Lake，but of them the one in Hangzhou is blessed with the most picturesque natural scenery.

例 4：许多山川林泉，之所以称为名胜，除了灵秀独钟的纯自然美以外，还因为有独一无二的人文景观。

译文：Many mountains，rivers，forests and springs have become famous because they have aunique man-made landscape apart from their unique pure natural beauty.

例 3 中的“自然风光最秀丽的一个”直译为 the one…blessed with the most-picturesque natural scenery，例 4 中的“灵秀独钟”和“独一无二”实际上暗含着最高级，但根据其意思译成了 unique。

## 二、中英旅游文本用词特点及翻译

在中文旅游文本中，喜欢使用很多的华丽辞藻和“意复”型四字格，从而渲染行文的语气，达到感染读者的目的，这和中文背后的思维有关。而英语虽然如上文所述也会在介绍旅游景点或推介旅游项目时使用一些描述性较强的词汇，但总体说来，英语避免语义重复，更注重简洁明快。所以在将英文翻译成中文的过程中，会添加更多的具有描述性和感染力的语句，一般会出现“超额翻译”（over translation）的现象，即相对原文加入了一些细节的东西。

反过来，汉语的英译文却不得不省掉一些重复的词语或冗余的华丽辞藻，一般会出现“欠额翻译”(under translation) 的现象，即相对原文省译一些东西。请看下面的例子。

例 1：In the summer months，Interlaken sets the scene for culture as well as sport. Several events already enjoy a long tradition and are as much a part of Interlaken as the acclaimed view of the Jungfrau massif.

译文：夏季，因特拉肯的文化活动和体育活动一样精彩纷呈，有些活动历史悠久，这些活动和闻名遐迩的少女峰一样，成为该地区一道不容错过的美丽风景。

例 2：If you are looking for the most delicious French cuisine in town，why not rendezvous at this delightful spot where appetizing dishes are always served ?

译文：如果您正在城里寻找最美味可口的法国大餐，为什么不到这热闹非凡的地方来？要知道，这里总有令人垂涎欲滴的各种美味佳肴期待您的光临！

对照例 1 和例 2 的原文和译文不难看出，例 1 中“精彩纷呈”“历史悠久”“闻名遐迩”“不容错过”以及例 2 中的“美味可口”“热闹非凡”“垂涎欲滴”“美味佳肴”等四字成语都比原文更具描述性，符合汉语读者的审美心理。另外，例 2 中的“要知道”也是添加上去的，使得汉语的问句和后面的肯定句中间有一个过渡，这样比较清楚。而汉译英正好相反，一些描述性太强或信息重复的词汇要进行简化处理。

例 3：太湖奇峰环抱，烟水迷蒙，自然天成的湖光山色美不胜收。

译文 1：Grotesque peaks around and mist over the surface form into harmonious natural scenery of the Taihu Lake.

译文 2：Grotesque peaks around and mist over the surface have turned the Taihu Lake into a marvelous natural landscape.

译文 3：Thanks to the grotesque peaks around and the mist over the surface，the Taihu Lake is really a fascinating natural landscape.

例 4：当你步入沟（九寨沟）中，便可见林中碧海淡荡生辉，瀑布舒洒碧玉。一到金秋，满山枫叶绛红。盛夏，湖山幽翠。仲春，树绿花艳……四时都呈献出它的天然原始，宁静幽深。

译文：Limpid lakes and sparkling waterfalls captivate your eyes as you enter the ravine.

The trees are in their greenest in spring when intensified by colorful flowers.In summer, warm tints spread over the hills and the lakes and in autumn, the maple trees turn fiery red. Tranquility pervades primitive Jiuzhaigou throughout the year.

仔细阅读例 3 和例 4 的原文和译文后不难发现，例 3 的三种译文均对原文的一些词进行了简化处理，尤其省译了“湖光山色”这一词，因为该词的意思已经在 grotesque peaks和mist中显现。因此可以说，整个译文仅保留了主要信息。例4中除“碧海淡荡生辉，瀑布舒洒碧玉”明显做了简化处理外，其他描述性的词也都比原来简单。

综上所述，对于旅游文本中词的翻译处理原则，可以归纳为以下两点：

第一，英汉两种语言共有的用词现象可以直译。

例如尽可能地选取一些描述性较强的词汇来取代原文同样意义的词汇；对于表达信息时所使用的简单词汇，在目的语中也尽量选取通俗易懂的词汇；第二人称若具有拉近与读者距离的语用意义时可以直译；形容词或副词的最高级很多情况下可以直译。

第二，鉴于英汉两种语言在用词上存在一定的差别，所以有时要变通处理。

譬如，如果英语中的第二人称代词 you 表示建议或其他负面微妙的感情则可在汉语中省译，因为汉语在表示同样的语用意义时往往会使用无主句，但在另外的一些语境下要译成礼貌一点的“您”。

另外，汉语背后的思维决定了中文旅游文本中往往使用“意复”四字格，倾向工整对仗，在译成英文时要尽量避免意思重复，很多四字成语只需译为一个英文单词即可；反过来，英译汉时有些描述性较强的词汇可以译成汉语的“意复”四字格，甚至添加一定的修饰词，以满足汉语读者的审美需求。

## 三、译文辨析

例 1：Or relax in your comfortable seat and enjoy coffee, snacks and drinks served from our mini-bar.

译文 1：在您舒适的座椅上放松，享受我们的迷你酒吧提供的咖啡、零食和饮料。

译文 2：您可以在舒适的座椅上一边尽情放松，一边享用我们的迷你酒吧奉上的香浓咖啡、美味零食及各种饮料。

辨析：对照两个译文，不难发现，译文 2 在词语的使用上更符合汉语的表达习惯，把第二人称代词放在最前面，添加了“尽情”“香浓”“美味”和“各种”等修饰词，使译文的语气更富渲染气势，符合中国读者的审美心理，同时添加了连接手段“一边……一边”，使句子朗朗上口。

例 2：There's no more splendid way to celebrate the end of the Alp summer.

译文 1：没有比用这种方式来庆祝阿尔卑斯夏季结束更精彩的了。

译文 2：这可以说是庆祝阿尔卑斯夏季结束最精彩最壮观的方式。

辨析：译文 1 直译了原文的比较级，译文 2 则将原文的比较级转译为最高级，对照阅读，不难发现译文 1 有些拖沓，译文 2 则更干脆利落，这说明很多时候英文旅游材料中的比较级转译为汉语的最高级更通顺，读起来更干脆利落。实际上，英语广告文体中的许多比较级都可以转译为最高级。例如：

You won't find a quicker，easier，neater way to enhance your beauty.

您会发现这是提高魅力最快捷、最容易、最简便的办法。

例 3：Between 22 and 28 June，you have the unique opportunity to spend a week geeing to know our one-of-a-kind Alpine world，with the aid of experienced Zermatt mountain guides all this at a special price.

译文 1：6 月 22 日至 28 日，你可以获得用一周时间了解独特的阿尔卑斯世界的独特机会。活动期间有经验的采尔马特高山向导为你提供帮助，活动价格优惠。

译文 2：6 月 22 日至 28 日，您可以获得独一无二的机会，用一周的时间了解独一无二的阿尔卑斯世界，活动期间有经验丰富的采尔马特高山向导为您提供帮助，而活动的价格则非常优惠。

辨析：对照两个译文可以看出，译文 2 在词汇选择上更符合汉语的特点，如在翻译两个 unique 时均使用了四字成语“独一无二”，experienced 译成了“经验丰富”，分别比译文 1 的“独特”和“有经验”更具描述性和渲染的力度，同时译文 2 在最后的“优惠”前添加了程度副词“非常”，符合汉语的特点，使行文的语气更具有宣传力度。

例 4：（龙舟节）轻快的龙舟如银河流星，瑰丽的彩船似海市蜃楼，两岸那金碧辉煌的彩楼连成一片水晶宫，是仙境？是梦境？仰视彩鸽割飞，低眸漂灯留霓，焰火怒放，火树银花，灯舞回旋，千姿百态，气垫船腾起一江春潮，射击手点破满天彩球，跳伞健儿绽空中花蕾，抢鸭勇士谱水上凯歌。

译文 1：The light some dragon-boats appear on the river as though the stars twinkle in the milky way.The richly decorated pleasure boats look like a scene of mirage.The splendid awnings in green and gold chain into a palace of crystal.Is this a fairy-land or a mere dream ？ Looking above，you can see the beautiful doves flying about.Looking below，you can see the sailing lamps glittering.Cracking are the fire works，which present you a picture of fiery trees and silver flowers.Circling are the lantern-dancers，who present you a variation of exquisite manner.Over there the motorboats are plowing the water，thus a tide stirs up.Over there，the marks-men are shooting to their targets.

译文 2：The river is densely dotted with long-boats and decorated cruisers.Along the banks are buildings of Chinese style with flickering lights.Many interesting activities are waiting for you，such as fireworks，motorboat driving，shooting，and parachuting.

辨析：对照以上两个译文，不难发现，译文 1 在用词上照搬原文，不仅让人不知所云，而且充斥着大量的夸张手法，令人发笑，用作广告对外宣传可能适得其反。根据中英文用词的不同特点，译文 2 进行了适当调整和灵活创新，改用简洁明快的用词，删掉了一些夸张和细节描述的词汇，这样就使得英译文“简洁明了，通俗易懂，起到吸引游客注意，激发游客购买欲望，最终促成购买行为”。

例 5：柳州的都乐岩旅游景区位于柳州市东侧，是柳州新出现的一颗璀璨明珠。景区充满绿色，山是绿色的，水是绿色的，地是绿色的，树是绿色的，田野是绿色的，因此被誉为“柳州风景的代表”。景区现已开发包括下洞、大厅、上洞三大部分的特色景点数十个，游、食、住、娱为一体，其宾馆设施完备，服务优良，安全舒适。

译文 1：Duleyan Tourist Attraction in Liuzhou.10 cated to the east of Liuzhou City，is a newly-rising brilliant pearl there.Everything is green in that area，including the mountains，waters，land，trees and fields，so it is reputed as the“representative of Liuzhou scenery”，Scores of characteristic scenic spots have been developed，including the lower hole，the hall and the upper hole，with the combination of sight-seeing，food，living and entertainment. The hotels here have complete facilities，good service，safety and comfort.

译文 2：Duleyan Tourist Attraction，located to the east of the city of Liuzhou.is a new fascinating resort there.You will enjoy natural greenness and clear water everywhere，so it is reputed as typical scenery in Liuzhou.Scores of characteristic scenic spots are reachable now，where you will enjoy wonderful sightseeing，gastronomy，accommodation and recreation.All the hotels there offer reliable and comfortable facilities and good services.

辨析：对照两个译文，不难看出，译文 1 在选词上基本拘泥于原文，如将“新出现的一颗璀璨明珠”译成 a newly-rising brilliant pearl there，与其这样翻译，不如译为 a rising star 更容易为英文读者接受，建议按照译文 2 那样将其实质信息译出即可。译文一里还有些选词与上下文的意义不相吻合，如 living 和 entertainment，实际上应该是译文 2 中的 accommodation 和 recreation。另外，译文 2 将“山、地、树、田野等都是绿色的”这一信息省译，而将整句话变通为 You will enjoy natural greenness and clear water everywhere，尤其是将“水是绿色的”中的“绿色”转译为 clear。“下洞、大厅、上洞”这三大部分没有必要译出，译文 1 中的 the lower hole，the hall and the upper hole 反而让读者难以理解。另外，“安全可靠”在译文 1 中直译为抽象名词 safety and comfort，显然与前面 facilities service 这样的具体名词不平行，所以不如像译文 2 那样融进句子转译为形容词，反而能让英语读者更明白。细心的读者还会发现，在汉语中经常用在“设施”之前的“完备”在译文 2 中也省略不译，因为 reliable and comfortable facilities 已经足够。

例 6：诺日朗瀑布是中国最宽的瀑布之一，滔滔水流如银河飞泻。早晨在阳光的照耀下，常可见到一道彩虹横挂山谷，极为迷人。五花海有“九寨一绝”的美名，翠绿的湖水中，五光十色的珊瑚大量生出。老虎石是取景的最佳地点，这个位置拍下的五花海宛若织锦。

译文 1：Nuorilang Waterfalls are one of the widest waterfalls in China.The Surging water falls down like the Milky Way.In the morning sun，you can often see a rainbow hanging across the valley，an extremely charming sight.Five Flower Lake is hailed as “a wonder in Jiuzhaigou Valley” .Colorful corals grow in the green lake.Tiger Stone is the best place to find a view.From here，photographs of Five Flower Lake come out just like a tapestry.

译文二：Nuorilang Waterfalls are one of the widest waterfalls in China.The water falls down like the Milky Way.In the morning sun，you can often see a rainbow over the valley，forming a charming sight.The Five Flower Lake is hailed as a wonder there.Colorful coralsgrow in the turquoise water.The Tiger Stone is the best place to enjoy the view.From here，you can take fabulous photos.

辨析：第一个译文保留了原文中“滔滔”“横挂”“宛若织锦”“五光十色”“大量”，这样显得太过冗余，而且“织锦”在英语读者看来意象比较陌生。同时，英语很少使用green来表示水的清澈，而是用blue或其他词，如译文2中使用的turquoise。另外，专有名词中如果含有普通名词，一般要加定冠词the。这些问题在译文2中做了处理，将渲染的词简化，同时在适当的地方使用了冠词。因此，译文2较译文1更符合英语的选词。

# 第三节　旅游文本翻译中的专有名词

旅游目的地是旅游文本宣传的主要内容，因为关于旅游地的内容多，所以纯地名和景点名称就变成了高频词汇。对于旅游景点，人们更多关注的是历史和人文景观，这就促成了当地的历史事件和人名的宣传。一些特色旅游项目还会宣传其间举行的活动，因此活动名称在旅游文本中也很常见。另外，美食是旅游文化的一个重要组成部分，尤其是中国菜肴更是丰富多彩，这些菜肴名称也可以算作专有名词。

若要了解旅游景点的特征，首先就要看旅游景点的名称，新颖的景点名称对景点的介绍来说可谓锦上添花。在国际方面，景点名称的翻译能够影响国外友人对此景点的兴趣。景点名称的翻译也能表现出翻译者的能力，对国与国之间的文化往来有一定的影响。实际上，不仅恰当地翻译景点名会发挥如此重要的宣传作用，处理好地名和活动名称等的翻译同样也非常重要，因为恰当的翻译是游客了解和认识旅游地文化的基础，所以它能够丰富游客的知识，与此同时也是体现翻译者能力的重要方面。

总之，处理好上述专有名词的翻译，对旅游景点可以起到很好的宣传作用。下面分别探讨纯地名、景点名、活动名称以及菜肴名称的翻译。

## 一、纯地名

这里所论及的地名是指纯粹的地名，如中国各省或特别行政区、城市和乡镇等名称以及外国的州、城市和乡镇等名称。这些地名是名副其实的专有名词。除已经存在意译的地名外，大部分地名均可采取音译的办法。但一般来说，在旅游文本中遇到地名，应该先查阅相关的词典或网络资料。毕竟，中英文比较“大”的地名都已有其固定的译文，如果译者再根据读音进行翻译，很可能与已经固定下来的译文有出入，这样不利于读者的理解和接受，尤其是外译中，如世界各国及其首都和主要城市的名称、美国各州或英国郡的名称等。如果对这些名称不是很熟悉，就一定要查阅参考资料，包括《世界地名词典》以及网络资源。如果使用 Google 进行搜索，一般会出现同一外国地名的不同汉译文，一定要根据网站的权威性、出处的权威性和汉语的表达习惯进行取舍。如 Zermatt 要译成“采尔马特”而非“莱而马特”,Graubfimden 要译成“格劳宾登”，而非“葛劳邦顿”等。如果涉及的地方确实太小，找不到参考的译文，则一般采取音译，但要注意音译的选字要符合传统的习惯，使读者感觉这确实是个外国地名。

中译外一般都采取标准的汉语拼音，所以不会有太多的困难，中国各省以及各大城市的名称就是一个很好的例子。汉语拼音法是我国行政区划名称的主要译法，也应该成为统一的标准译法。这是因为汉语拼音方案作为我国的法定注音方案的同时，也是国际标准化组织（ISO）为中国专有的名词设定的国际上的翻译标准。当然，值得注意的是，中国的少数省、自治区或城市以及特别行政区的英文名称与标准的汉语拼音存在差异，有的相去甚远。

另外，如果汉语的地名是单字组成，翻译的时候一般改为双字，例如“蓟州区（蓟县)”一般应译为 Jixian County，地名的简称在英译文中要还原全称，如将“京”译为 Beijing，“沪”要译为 Shanghai，“穗”译为 Guangzhou，“鲁”要译为 Shandong，等等。使用地名简称命名的铁路、公路的名称一般要把两地的全名译出。

译者对中国地理要有一定的了解，如果不熟悉铁路或公路的起始点，则要查阅资料，如有的译者对上文的“陇海铁路”可能不熟悉，那么一定要查阅资料或咨询身边的人，切不可乱译。通过查阅资料后知道该铁路是兰州至连云港的铁路，因此要译成 Lanzhou—Lianyungang Railway。另外，有些中文地名两个汉字中，如果后一个汉字没有声母而是直接以韵母开头，要注意在中间加一个“'”号，如“西安”译成 Xi'an，“淮安”要写成 Huai'an。

## 二、河流、山川、湖泊、瀑布和火山等

在翻译旅游文本的时候，难免会碰到河流、山川、湖泊、瀑布和火山等的名称。外文的河流、山川、湖泊、瀑布和火山等名称的翻译要求译者有一定的地理知识，对世界上著名的河流、山川和湖泊已经固定的中译文有一定的了解，这样就可以在翻译中省去查阅资料的麻烦，提高翻译的效率。

如果中文的河流、山川、湖泊、瀑布和火山名称为单字，翻译中则改为双字的汉语拼音，与前面讲过的地名一样。

中国有些河流、山川、湖泊、瀑布和火山已经有沿用下来的固定翻译，有的是意译，有的虽然属于拼音翻译，但与当前使用的标准拼音不尽相同，这种情况下可沿用原来的翻译。

## 三、景观标识名称

一些著名旅游景点的地名更应该要特别注意，作为翻译工作者，要着重关注地名背后的文化信息。由于是旅游景点，很多且历史意义不可混淆，所以要求翻译者传递正确的文化信息。这里我们把这些景点名称叫作“景观标识名称”，即像中国的“长城”“颐和园”“西湖”和“杜甫草堂”等，外国的 Petrodvorets Palace（莫斯科的“老皇宫”)、National Museum of American History（美国的“美国历史博物馆”)、the Statue of Liberty（美国的“自由女神”）等这样的名称。

在翻译者为游客讲解的过程中，如果遇到景观名称，一定要去网络上查找正确的翻

译，如果已有固定的译法，就要沿用固定的译法，尤其是找到权威网站上的翻译；否则，如果译者根据自己的理解翻译，反而会造成译文与已有固定译文不符的现象。例如，“孔林”实际上指的是孔子的墓所在地，所以应该译成 the Cemetery of Confucius，而不应该“望文生义”将之译成 the Forest of Confucius。

如果所要翻译的景观标识名称没有现成的译文，那么译者就需要根据名称的意思进行翻译，如果是纯粹的地名，则按照上文提到的地名翻译原则翻译，如果是普通名词构成，则根据景观标识名称的特点和普通名词的含义以及目的语读者的接受程度进行翻译。

## 四、活动名称

旅游文本中经常会涉及旅游目的地举办的一些活动，这些活动的名称一般由普通名词或形容词等构成，或者由普通名词和地名或人名这样的专有名词共同组成。若活动是由普通名词组成，那么翻译工作也用它的意思进行直译即可；如果是普通名词和上述专有名词共同构成，专有名词采取音译，普通名词则译出其意思。但总体的原则应该是言简意赅，具有吸引力。当然，除普通名词外，还可能由形容词或动词与地名或人名共同构成，其翻译原则同普通名词与地名或人名构成的专有名词翻译原则。

## 五、中国菜肴

品尝美食是旅游活动中不可或缺的一环，尤其是中国菜肴一直受到来自世界各地的游客的喜爱。中国菜肴是中国文化的重要组成部分，其主要特点表现在以下几方面：

一是菜系丰富。不仅有鲁菜、川菜、粤菜、淮扬菜等著名的四大菜系，还有闽菜、徽菜、湘菜等众多其他菜系，每一种菜系都有自己的风味和烹饪方法。

二是中国菜肴的做法独特。味道鲜美，可谓色、香、味、形、养五质具备。

三是菜肴的命名方式各不相同。有的富有浪漫色彩，如“过桥米线”“荷塘小炒”等；有的注重写实，如“冬菇菜心”“鱼香肉丝”等；还有的取自典故或民间传说，如“鸿门宴”“佛跳墙”，还有的和历史名人有关，如“东坡肘子”等。

中国菜肴既然有着丰富的文化内涵，如果翻译不当，就会闹出很多笑话。如有人将“童子鸡”译成了 chicken without sexual life，将“口水鸡”译成了 slobbering chicken 等，试想外国人在看到这样的英文后会有怎样的反应？因此，中国菜肴的翻译应该规范，否则不但不能很好地宣传中国的美食文化，反而会破坏中国菜肴和中国饮食文化的形象。

### （一）直译

这里的“直译”即一是直接翻译菜肴的烹调方法、原料及/或作料；二是直接翻译菜肴的口感、原料及/或作料；三是直接翻译人名或地名和原料及/或作料。这种译法适用于本身就属于上述三种情况的中文菜肴。

以上例子的原文分别属于“烹调方法 + 原料及 / 或作料”“口感 + 原料及 / 或作料”“人名或地名 + 原料及 / 或作料”这三种类型，所以翻译的时候直接翻译不会引起文化冲突或误解问题。

### （二）释义翻译

这里的“释义翻译”即对菜肴进行解释性翻译，即舍去中国菜肴的一些文化含义或修辞手法，而用平直、明白的英语表达出原文的原料、作料和烹饪方法等。该策略主要适用于使用比喻、夸张等手法或其他文化手段以引起中国人美好联想的菜肴，这些菜肴如果采用直译法会让外国游客感到费解或不解甚至误解。

### （三）归化翻译

所谓“归化翻译”就是用目的语中的文化语言符号和形象取代源语中的文化语言符号和形象。中国菜肴的“归化翻译”就是用外国类似的菜肴名称去取代中国菜肴名称，当然在烹饪方法上两者还存在一定的细微差异，但这种差异可以忽略，从而使译文更加地道，容易唤起外国游客的亲近感，以收到更好的宣传效果。

### （四）音译加释义

“音译加释义”策略就是指将中国菜肴的名称或部分名称（主料部分可以翻译意思）先用中国通用的拼音写出，后面添加一定的解释文字，从而使译文在保留一定中国特色的同时能够让外国游客理解并接受。这样的翻译策略适用于使用典故、传说等命名的中国菜肴或者带有中国文化特色词的菜肴。由于翻译典故和传说所占篇幅较长，比较复杂，尤其是一些外国游客对中国历史并不十分了解，或者是有些菜肴直接翻译出来会带来文化冲突，所以不如先翻译成拼音，然后在后面解释该菜肴的原料、辅料及做法等。

所以先采用音译，后面翻译其烹饪方法、原料和作料等，使得外国读者更清楚菜肴的组成。譬如，如果将“龙凤配”译成“dragon and phoenix”就会产生文化冲突，因为“龙”和“凤”在中国文化中让人产生好的联想，而 dragon 会让西方游客产生不好的联想，phoenix 一般不会让西方人产生什么联想。还譬如，将“佛跳墙”的故事讲出来需要很大的篇幅，所以不宜写在菜单上，只能当作和外国游客用餐时的一种谈资。

### （五）异化加释义

“异化”是与“归化”相反的翻译策略，即在目的语中保留原文的文化符号和形象。“异化”与“直译”不同，后者主要是指意思上的直译，而前者重在文化形象。有一些中国菜肴具有浓郁的中国文化特色，在英文中保留其文化形象并不需要很长的篇幅，而且不会引起外国游客的费解、误解或文化冲突，这些菜肴则可以采取“异化”翻译策略，异化的译文后面可以用括号进行简单的解释，这样既能做到不同文化之间的有效沟通，还能更好地宣传中国文化和中国菜肴。请看下面的例子：

叫花鸡  beggar's chicken(baked mud, coated chicken)

四喜丸子  four-joy meat balls (meat balls braised with brown sauce)

全家福  happy family(combination of shrimps,bee chicken,lobster and vegetables with brown sauce)

百年好合  enduring harmmonioud union (sweet soup of lily and lotus root)

以上例子中，“叫花鸡”先做异化翻译，然后括号加上释义，前面的异化翻译可以迎合外国游客的“猎奇”心理，后面的解释便于他们更好地理解该菜肴的原料和做法，后面三个例子体现了中国人欢乐、喜庆的气氛和美好的祝福，异化翻译也会外国游客感受到快乐，喜庆的气氛以及美好的祝福，括号中的释义便于他们更好地了解菜肴的主料和辅料。以上是中国菜肴的五种可行的译法，但是要针对具体情况具体处理。

此外，将中国菜肴做成菜单时，不妨在中文后面均加上汉语拼音（即音译），然后使用括号简单解释菜肴的主料、辅料和烹饪方法。这样，外国游客只需记住汉语拼音，在其第二次、第三次到中国来的时候能说出菜肴的名称，如果只记主料、辅料和烹饪方法，接待他们的中国主人可能会误解菜肴的名称，从而为他们点错了餐，因为毕竟采用同一主料、辅料和烹饪方法做出的菜肴不一定只有一个中文名称。

# 第六章　基于不同类型的语言文本翻译

## 第一节　旅游翻译中语言的功能

亚里士多德曾说过，“人是一种社会性动物”。在日常生活中，人总少不得和同类进行交流。这种交流不仅包括直接的物品交换或肢体接触，更多的则是通过语言进行情感沟通和信息交流。在动物园里，我们常听到动物们会发出某些声音，如尖啸、呻吟、吼叫等，来表达它们感受到的痛苦、快乐、欲望等情感。可以想象，在漫长的进化历史过程中，我们的祖先也早就学会了使用语言进行情感交流了。这种情感交流的初始语言，在我们人类今天的语言里仍然能发现它的痕迹，那就是一些感叹词和摹声词等。虽然人类最初也许只是出于本能发出这种声音来表达情感，但渐渐地学会了使用这些声音来传递更多的信息，比如用某种特定的声音表示“那里有匹狼”，来提醒同伴注意。同伴可能惊讶地“呀呀”两声表示回应，或者发出另外一串声音，表示“我们用石头砸它吧”。这个信息的发出、传播、接受和反馈过程其实涉及了语言交际行为的四个组成因素：一是语言符号（sign）；二是语境（context）；三是说话者（speaker）；四是受话者（addressee）。在具体的语言交流中，对不同的交际因素的强调，会突显不同的语言功能。例如，说“那里有匹狼”这句话时，说话者可能会手指不远处的那匹狼，重点是陈述客观事实，突出的是语言的信息功能。当受话者知道旁边有狼时，不由得发出“呀呀”的声音，主要表达主观的情感，体现了语言的表情功能。如果受话者说“我们用石头来砸它吧”，则是使用语言来号召同伴一起行动，体现了语言的召唤功能。

其实，学界对语言功能的讨论由来已久，布勒、雅各布森、韩礼德、莱斯、纽马克等语言学和翻译学者都曾对语言功能进行了不同的具体分类。其中，著名的翻译学者纽马克曾借鉴雅各布森的语言功能观，将语言功能划分为六类：即信息功能（informative function）、表情功能（expressive function）、召唤功能（vocative function）、寒暄功能（phatic function）、元语功能（metalingual function）和美学功能（aesthetic function）。其中，前三种是语言的主要功能，是使用语言的主要目的所在。因此，我们可以根据文本所体现的主要功能，把所有文本划分为三种类型：信息型、表情型和召唤型。信息型文本的核心是陈述客观世界、语言之外的事实，因此典型的信息型文本是技术报告、报刊文章、学术论文等。表情型文本的核心是表达说话人或作者的情感态度，典型的表情型文本包括诗歌、小说、戏剧等虚构的文学作品以及政治演说、自传、私人书信等。召唤型文本的核心是诱导读者采取行动，可以动之以情、晓之以理、感之以美，典型的召唤型文本包括广告、公共宣传等。

需要注意的是，这些不同类型的文本，通常具有不同的文本特征，被用来实现不同的交际目的。同一个文本不仅体现一种语言功能，而是同时兼有几种语言功能，只不过以其中的某一个功能为主而已，可能以信息功能为主，也可能以表情功能或召唤功能为主。

## 第二节 信息型旅游文本与翻译

信息型文本主要指为读者提供各类信息的实用型文本。旅游文本中往往包含大量信息型文本。俗话说，读万卷书，行万里路。对于游客而言，旅游的目的之一就是获得旅游景点的相关知识，这里不仅包括景点的位置、路线、设施、费用等实用信息，还包括文化、历史、风俗等人文信息。因此，旅游文本往往是一种信息性极强的文本，既有大量的实用信息，又有丰富的人文与自然知识。

例 1：中正纪念堂位于台北市中心，占地 25 万平方米，其顶仿北京天坛模式，四面构造仿埃及金字塔；中正纪念堂由白色大理石建成，堂顶覆盖的蓝色琉璃瓦，在阳光下熠熠生辉。

译文：Located in the heart of Taipei，Chiang Kai-shek Memorial Hall is a great building constructed in memory of Mr.Chiang Kai-shek.Covering an area of 250 000 square meters，the architecture of the CKS Memorial Hall is inspired by the form of the Tiantan in Beijing，while the four sides of the structure are similar to those of the pyramids in Egypt.With white marble as building material，the roof is covered with blue glazed tiles，reflecting the sunlight.

例 2：梁祝公园建于公元 397 年，距今已有 1600 余年的历史。

译文：Originally built in 397 A.D.，Liang-Zhu Park，which showcases the love story of Liang Shanbo and Zhu Yingtai，better known as the Chinese Romeo and Juliet or Butterfly Lovers in the West，has a history of more than 1600 years.

例 3：Out of all of America's symbols，none has proved more enduring or evocative than the Statue of Liberty.This giant figure，torch in hand，clutching a stone tablet，has acted as a figurehead for the American Dream for a century.

译文：在代表美国的所有标志中，没有哪一个能比自由女神像更持久或者更具感召力。这个巨大的塑像，一手高举火炬，另一手紧握《独立宣言》，一百多年来一直引领着美国人民追求平等自由的梦想。

# 第三节　表情型旅游文本与翻译

表情型文本主要指以文学化手法运用语言文字，来表达和传递某种特殊情感的文本，意在激发读者产生类似情感。像诗歌等文学作品一样，有些旅游文本的字里行间也往往渗透着作者深厚的情感和鲜明的态度。表情型旅游文本中，作者常常会利用修辞、文体、韵律等文学艺术手法来营造审美效果，抒发情感，达到感染读者的目的。

例 1：满树金花、芳香四溢的金桂；花白如雪、香气扑鼻的银桂；红里透黄、花多味浓的紫砂桂；花色似银、季季有花的四季桂；竞相开放、争妍媲美。走入桂林公园，阵阵桂香扑鼻而来。

译文：The Park of Sweet Osmanthus is noted for its profusion of osmanthus trees.Flowers from these trees in different colors are in full bloom which pervade the whole garden with the fragrance of their blossoms.

例 2：北京作为世界旅游名城，有着极为丰富的旅游资源：雄伟壮丽的天安门；金碧辉煌，气象万千的故宫；气势宏伟的万里长城；湖光山色，曲栏回廊的颐和园；建筑精巧，独具艺术风格的天坛；烟波浩渺，黛色风光的北海公园，以及建筑宏大的明代帝王陵寝……

译文：Beijing，being one of the world's great cities，is full of tourist attractions.Among these are magnificent Tiananmen Gate，the majestic Palace Museum，the imposing Great Wall，the scenic Summer Palace，the ingenious Temple of Heaven，the enchanting Beihai Park and the carefully laid-out Ming Tombs…

例 3：“烟水苍茫月色迷，渔舟晚泊栈桥西。乘凉每至黄昏后，人依栏杆水拍堤。”这是古人赞美青岛海滨的诗句。青岛是一座风光秀丽的海滨城市，夏无酷暑，冬无严寒。西起胶州湾入海处的团岛，东至崂山风景区的下清宫，绵延 80 多华里的海滨组成了一幅绚烂多彩的长轴画卷。

译文：Qingdao is a beautiful coastal city.It is not hot in summer and not cold in winter. The 40-km-long scenic line begins from Tuan Island at the west and ends to Xiaqing Gong of Mount Lao at the east.

# 第四节　召唤型旅游文本与翻译

召唤型文本是激发读者做出某种决定、采取某种行动的文本。孔子说“知之者不如好之者，好之者不如乐之者”. 知之是了解有用信息，好之是体验美好情感，乐之则是获得身心愉悦。这三个不同的境界似乎也适用于旅游文本的翻译。从根本而言，旅游文本的翻译就是一种跨文化营销，无论是信息的传递还是情感的表达都只是手段，其最终目的是使译文对读者产生召唤作用，吸引他们前来旅游观光。由于中英文语言的不同以及各自读者在知识背景、审美感受等方面存在差异，旅游文本的翻译常常需要对原文进行信息重组和情感调整后，才能充分发挥译文对外国读者的召唤功能。

例 1：普陀山属亚热带海洋性季风气候，夏无酷暑，冬无严寒，温和湿润，四季宜人。岛上植被丰茂，种类繁多，有“海岛植物园”之称。尤为引人注目的“千年樟”，树干周围有 7 米多，伟枝横空，苍劲挺拔，冠盖数亩，生机勃发。还有“普陀鹅耳枥”，虽貌不惊人，却属当世罕见珍木。此外，有野茶花和水仙花，特别是“普陀水仙”，为我国水仙三大名品之一。古树珍木，奇花异草，把名山普陀装点得更具迷人魅力。

原译：Mount Putuo belongs to the subtropical marine monsoon climate.It is cool in summer and warm in winter，mild and damp，and pleasing in four seasons.It is known as a “botanical garden on the sea island，for various kinds of vegetation on the island are plentiful and luxuriant. Especially the spectacular “thousand-year-old camphor tree” whose tree trunk is 7 meters in circumference，hardy and old great branches shooting into the sky，capping several mu is thriving with life.Besides，the “Putuo Hornbeam Tree” belongs to the rarely precious tree in today's world though its appearance is not pleasing to the eye.Furthermore，precious flowers are wild camellias and narcissuses，especially for the “Putuo narcissus” which is one of the three famous ones in our country.Embellished with ancient and precious trees，and marvelous flowers and rare plants，Mount Putuo looks more beautiful than ever.

改译：Mount Putuo has long been known as a “botanical garden on the sea island” for its variety of plentiful and luxuriant vegetation，as its climate is mild and damp in all four seasons due to its location in the subtropical marine monsoon region.The spectacular“thousand-year-old camphor tree” and the rare “Putuo hornbeam tree”，which are the treasures of this area，are especially eye-catching.Besides，it has wild camellias and narcissuses，and particularly the “Putuo narcissus”, which is rated as one of the three great famous narcissuses in China.Indeed, the mount is a very attractive place, charmingly decorated with old trees, exotic flowers and rare plants.

例 2：岱山岛为省级风景名胜区，又称“蓬莱仙岛”，因秦始皇遣方士徐福率数千童男童女上岛寻找长生不老之药而得名。全县 532 个岛屿，星罗棋布，犹如朵朵荷花，散落在碧波万顷的东海之中，素有“海上仙境”之美誉。主要景点有浦门晓日、石壁残照、鹿栏晴沙、南浦归帆、燕窝石笋、白峰积雪、双龙戏珠、观音驾雾、竹屿怒涛、九子沙滩等“蓬莱十景”。摩星山景区仙茶满坡，山顶新建的“华藏世界”堪称我国人文景观一绝。

原译：Daishan Island, also called “Penglai Fairyland”, the province-level scenic resort, consists of 532 islands.These islands are like a flake of lotus leaves scattered on the East China Sea. It is known as “Fairyland on the sea” .On the island there are ten spots.The newly built “Huazang World” on the hill may be rated as unique in China.

改译：Daishan Island, also called “Penglai Fairyland”, is a province-level scenic resort, whose name originates from the legend that Emperor Qin sent the necromancer Xufu to lead thousands of virgin boys and maidens to the island to look for the elixir of life.Consisting of 532 islands, Daishan County looks like lotus flowers spreading all over the vast expanse of the blue water in the East China Sea.The county boasts of ten scenic spots, including the Morning Sunrise in Pumen, the Sunset on the Stone Wall, the Lulan Sunny Sands, the Returning Sails in Nanpu, the Edible Bird's Nests and Stalagmites, the Snow-Covered Mountain Peak, the Two Dragons Playing with Balls, Guanyin Mounting the Mist, the Billows Raging Around the Bamboo-Covered Island, and the Jiuzi Sandy Beach.The newly-built“Huazang World(All-Mirrored Hall)” on the hilltop of Muoxingshan scenic spot, covered with fresh tea trees on all its slopes, is seen as unique in China.

例 3：随着《凤打梨》《三千两金》等伴奏曲的慢、中、快三种节奏和舞步阵势跳跃表演。拍胸舞的基本动作以蹲步为主，手依次击拍掌、胸、肋、腿，主要动作组合有七击、八拍雄姿、击掌回音、玉驴颠步、金鸡独立、善才抱牌、蟾蜍出洞、半月斜影、大小阉鸡行等。

原译：Slapping and dancing to the lento, moderate, and allegro passage of traditional Nanyin music “Story of Su Xiaoxiao” and “Three Thousand Taels of Gold”, dancers tap their palms, chest, ribs and legs respectively while crouching or straightening up their bodies.Major movements of chest-slapping dance are “seven hits” “eight slaps heroic posture” “clapping palms echo” “tottering of white donkeys” “one-leg standing of golden roosters” “embracing aboard like the good boy” “craning the ankles like a toad jumping out of the hole” “tacting like casting moon shadows” “walking by skewing the body”, etc.

改译：Losing themselves in different rhythms of traditional Nanyin music, dancers clap their hands and slap their chest, ribs and legs respectively while crouching or straightening up their bodies.Major steps include "Seven Hits" "Eight Slaps" "Clapping Echo" "Donkey Tottering" "Rooster Standing on One Foot" "Embracing" "Toad Jumping" "Casting Half Moon's Shadow" and "Rooster Walking".

# 第七章　基于文化景观和地方文化的旅游翻译

## 第一节　文化景观的旅游翻译

### 一、民族文化差异对翻译的阻碍

文化是旅游的核心，是旅游业蓬勃发展的源头和潜能。然而恰恰是旅游资料中蕴含的文化因素给旅游翻译带来很大的困难，因为汉英两种语言的差异和中西文化的差异必然要反映到旅游资料的翻译中主要从两方面讨论民族文化差异带来的翻译障碍。第一类是由文化空缺和文化冲突造成的词汇空缺和词汇冲突给翻译带来的困难，语言是文化的载体，不同的地理环境、历史条件、社会习俗，使两种语言的词汇出现非对应和非重合的现象，它们之间没有语义共鸣，有的只是语义空缺或语义错位，也就是文化空缺产生的词汇空缺以及文化冲突导致的词汇冲突。

民族文化的特殊性形成了语言的特殊性，像“阴阳”“五行”“太极拳”等词汇，严格来说，在英语中找不到对应的词，像“饺子”“粽子”“元宵”等食品也没有相应的词来翻译，如果勉强将“饺子”翻译成 dumpling，不仅后者意思要宽泛得多，而且更重要的是失去了逢年过节一家人围坐一起包饺子、拉家常，其乐融融的生活习俗的联想，“粽子”可以解释成 a pyramid-shaped dumpling made of glutinous rice wrapped in bamboo or reed leaves（eaten during the Dragon Boat Festival），但是，如果外国朋友不知道屈原这位伟大的楚国诗人，不知道龙舟节的来历，不知道为什么要在那天吃粽子，粽子的内涵意义仍然没有传递过去。

“元宵”可译作 a rice glue ball 或者 sweet dumplings made of glutinous rice flour（for the Lantern Festival），但是如果缺乏一定的背景知识，译文读者也体会不到元宵的象征意义，更无法欣赏“元宵元宵圆元宵，宵圆宵圆宵宵圆”这副对联的绝妙之处，因此，许多专家主张以音译加注的方式来保留这类词汇的特殊文化联想意义。随着文化交流的日益频繁，外国朋友对中国文化的了解不断深入，某些词汇不需要加注也能被理解和接受，如饺子（jiaozi）、气功（qigong）、阴阳（yinyang）和风水（fengshui）等词的翻译已经证明了这一点。另一种现象就是汉语中的某些词汇即使能在英语中找到指称意义相同的词，其联想意义或隐含意义也不同。就拿动植物的联想意义为例，在中英两种文化中，有些动物代表类似的形象，如狐狸；有的代表完全不同的形象，如狗和龙；有的不同很微妙，如柳树、红豆、松、竹、梅、兰、菊等植物的联想意义也是“表同质异”此外，颜色词在两个文化中也有不同的联想意义，这一点众多学者均有论述。因此，译者在翻译时要克服的不仅有语言障碍，而且有文化障碍。

第二类翻译障碍是由语篇层面上的行文和修辞的差异引起的。汉英两个民族在长期的社会实践中形成了不同的文化心理、思维方式和审美观念，反映在语言中就是谋篇布局、修辞方法等行文习惯的差异。汉民族强调客观融入主观，喜欢借景抒情、托物言志，书画、建筑、诗歌都讲究神似重于形似，简隽空灵的风格，反映在语言上就有了汉语行文辞藻华丽、情感横溢，讲究声律对仗，音韵和美的特点。

此外，受“中庸”哲学思想的影响，中国人美学观念中特别强调平衡美，除了极为频繁地使用对仗这一修辞格，还大量使用四字同组，特别是前后两部分有并列关系的四字词组，如“天造地设”“天涯海角”“四通八达”“德高望重”等。在这些方面，西方民族则迥然不同，西方哲学强调分析型抽象理性思维，在主观和客观的物象关系上，更多地注重模仿和再现，体现了“天人各一”的思想：这种趋势反映在语言表达形式上，就出现了英语重形式、重写实、重理性的特点，形成了其句式构架严整、表达思维缜密、行文注重逻辑理性、用词强调简洁然、描述突出直观可感的风格这些行文和修辞差异，也不可避免地表现在汉英旅游文体中。在行文用字、篇章布局、文体修辞等方面英汉两种语言各有讲究，美学标准和文体风格可谓大相径庭请看下面的例子。

例 1：中华大地，江河纵横；华夏文化，源远流长……轻快的龙舟如银河流星，瑰丽的彩船似海市蜃楼，两岸那金碧辉煌的彩楼连成一片水晶宫，是仙境？是梦境？仰视彩鸽割飞，低眸漂灯留霓，焰火怒放，火树银花，灯舞回旋，千姿百态，气垫船腾起一江春潮，射击手点破满天彩球，跳伞健儿绽空中花蕾，抢鸭勇士谱水上凯歌，还有雀鸟争鸣，花卉盆景竞艳，书画、工艺展览铺出琳琅满目的画廊……啊，××城是不夜城，龙舟会是群英会。

这是某市举办国际龙舟会时彩色精印的宣传材料中的一段话，开头就用了四个四字词组，为下文作铺垫，接下来对龙舟竞赛的场面描写语言优美、辞藻华丽，采用了排比、对称等修辞手法，节奏铿锵，音韵和谐。中国读者看了之后，一定会被原文渲染的热烈气氛所感染，被龙舟会的场面所感动。但是，如果将这段文字“忠实”地翻译成英文会是什么效果呢？

译 文：The divine land of China has its rivers flowing across；the brilliant culture of China has its roots tracing back long...The light-some dragon-boats appear on the river as though the stars twinkle in the Milky Way.The richly decorated pleasure boats look like a scene of mirage.The splendid awnings in green and gold chain are into a palace of crystal. Is this a fairyland or a mere dream ? Looking above, you can see the beautiful doves flying about.Looking below, you can see the sailing lamps glittering.Cracking are the firecrackers, which present you a picture of fiery trees and silver flowers.Circling are the lantern-dancers, who present you a variation of exquisite manner.Over there the motor boats are shooting to their targets; thus colorful beads whirl around.Besides the birds' chirping, the potted landscape's charm, the exhibition of arts and painting, all claim a strong appeal to you...Therefore, we should say: ×× is a city of no night; its Dragon-Boat Festival a gathering of heroes.

## 二、民族文化景观翻译现状与原则

近年来，涉及旅游资料翻译的研究逐渐多起来。通过一些旅游外宣资料翻译实例，对东西方文化差异的处理进行了分析，指出了一些人文景观资料翻译存在的误译和错译现象，并主张在将中国旅游资料介绍给外国游客的过程中，应更多地保持中国旅游资料所蕴含的文化特色。文军等归纳出“拼写、遗漏、语法、一名多译、中式英语、用词不当、文化误解、表达累赘”八类错误。贾文波在其著作中也用一章的篇幅讨论了旅游翻译，却也并未针对被列入世界文化遗产的民族文化景观的翻译作详尽阐述。陈刚在其旅游翻译的著作中，擅长对各地景点进行个案探讨，但未涉及其总体翻译的策略及特点。因此，虽然涉及旅游资料翻译的研究层出不穷，但鲜有专门从事民族文化景观资料翻译的研究。

面对这些文化差异和翻译道路上的困难，应该遵循什么样的翻译原则，采取何种翻译方法和策略来翻译呢？从文本类型和功能方面来讲，根据现代翻译学理论，旅游资料属于“信息文本（informative text)、表情文本（expressive text）和祈使文本 / 召唤型文本（vocative text)”的结合体，同时具有信息功能、美感功能和祈使功能，旅游资料的翻译，其目的就是要“向外国游客介绍景点情况，传递有关信息”，“让国外普通旅游者读懂、看懂、听懂，并且喜闻乐见”，实现译文文本的交际功能，从而推动国内旅游业发展，对外传播中国文化。

目的明确了，民族文化景观资料的翻译也就有了应该遵循的原则。因此，在翻译旅游资料时应该以文化为取向，以译文为重点。所谓以文化为取向，就是尽量保留景观中的民族文化信息，尽量多地宣传各地文化，因为了解文化是外国旅游者的重要目的，而翻译的主要目的就是促进文化交流。所谓以译文为重点，即指翻译旅游资料时，既要忠实于原文又不拘泥于原文，要从译文读者的角度出发，对信息进行适当调整，让他们好读好懂。译者要以偏向译文、侧重读者的方向为准则，既不能不顾及目的语和原文的表达习惯和读者的接受能力，单纯追求语言文字和信息量的“对等”交换，也不能因两种文化的差异造成的“词汇空缺”而经常回避困难。至于具体的翻译方法，则应根据旅游资料的不同侧重点，采用音译、意译、增添、解释、删减等多种方法的有机结合，对译文进行必要的调整和处理，而不能死扣原文，亦步亦趋。接下来我们将结合具体的历史文化景观的翻译实例进行分析说明。

## 三、民族文化的翻译之道

### （一）语音拟声

民族文化的描述中具有大量的专有名词，专有名词的翻译一般采取拟声（onomatopoeia）的方法。大部分汉语文本中的专有名词，已经用汉语拼音音译进行过一次处理，在英文文本中再用汉语拼音进行音译，显得不够准确。如果用民族语言语音拟声的方法．或许能够达到原汁原味体现民族文化的效果。

例 1：蒙古部落原来居住在额尔古纳河流域，公元 840 年开始向西部草原迁移，散布在鄂嫩河至贝加尔湖之间的辽阔地带。13 世纪初，蒙古部首领铁木真统一了蒙古诸部，于 1206 年被推为大汗，号称成吉思汗，并建立了蒙古汗国。从此在中国北方出现了新的民族共同体——蒙古族。

译文：The Mongols living in tribes，initially roaming along the Erguna River，moved towards the grasslands of western Mongolia in the 9th century and settled in the vast region between Onon River and Lake Baikal.Early in the 13th century，the head of the Mongolian tribes，Temiyin，unified all these tribes.In 1206，he was elected the Great Khan of all Mongols with the title of Genghis Khan and founded a centralized feudal khanate.From then on there appeared a new ethnic community in the north of Chinathe Mongolian ethnic group.

专有名词“额尔古纳河”“鄂嫩河”“贝加尔湖”“铁木真”“成吉思汗”本是从蒙语音译成汉语的，如果再用汉语拼音音译的方法译成英语，则显得不伦不类。因此，以上专有名词都采用了民族语言语音拟声的方法。“额尔古纳河”译作“Erguna River”，“鄂嫩河”译作“Onon River”,“贝加尔湖”译作“Lake Baikal”,“铁木真”译作“Temujin”，“成吉思汗”译作 Genghis Khan。这种方法指导下的译文保留了民族文化的原汁原味，既贴近蒙语的原文读音，也符合英语发音习惯，读起来朗朗上口，容易被目的语读者所接受。因此，民族语言语音拟声的方法可以作为民族文化中专有名词翻译的重要方法。

### （二）背景增译

当原文涉及历史、文化等因素，且又过于简略，直译不能产生相应效果时，应按照译文读者的欣赏习惯和阅读心理，在译文中适当增加解释或注释，以便使译文更加明了，从而增强译文的宣传效果。增译主要是对原文中一些带有中国历史文化背景的重要信息如人名、地名、朝代名等在译文中适当阐释或加以补充说明，以避免读者误解或不解。

例 1：位于开封城西北隅的清明上河园是一座大型宋代文化主题公园。它真实而艺术地再现了张择端的名画《清明上河图》，置身其间，仿佛步入画卷，时光斗转，梦回千年。

译 文：Located in the northwest comer of Kaifeng City，Qingming Shanghe Park——a large park with cultural theme，is in the style of Song Dynasty.It is a vivid and artistic reproduction of the famous ancient painting the Scroll of Pure Brightness Festival on the River by Zhang Zeduan（A.D.1085-1145，a famous Chinese painter of the North Song Dynasty），which unfolds the prosperity of the flourishing capital of the North Song Dynasty（A.D.960-1127）. Stepping into the garden，you'11 find yourself back to ancient China about a thousand years ago.

原文连贯流畅，一目了然。但在译文中有几处必须阐释清楚，否则会引起译文读者的困惑：《清明上河图》作者张择端的背景和北宋的起始年代这些背景知识不一定为国外游客所知，需在译文中增加注释，使游客清楚地把握历史信息这样做虽然会使译文欠流畅，但可以帮助国外游客更好地了解相关信息，唤起他们的旅游兴趣。

例 2：林边有一个洞，叫白龙洞。传说《白蛇传》的白娘子曾经在这里修炼。

译文：Near the forest is the White Loong Cave which is said to be the very place where Lady White，the legendary heroine of The Story of the White Snake，cultivated herself according to Buddhist doctrine.

## （三）意识性删减

删减就是省去中文资料中对译文理解没有帮助的内容。如有些遗迹名称多含有典故，不了解当地历史文化的中国人也不甚明了，更不必说国外游客了如果这些名称对理解文本没有帮助，大可不必逐一译出。

例 1：汉朝末代皇帝刘协被贬为山阳公后，经常在此赏景游玩，留下了“避暑台”“二乐台”遗址。魏晋时期的“竹林七贤”在这里隐居活动达 20 多年，至今尚存“嵇康淬剑池”和“刘伶醒酒台”。

译文：Liu Xie，the last emperor in the Han Dynasty，used to visit here after his demotion，and some remaining sites were left.It is also here that the celebrated seven talent hermits in the Wei and Jin Dynasties（A.D.220-420）once stayed for more than 20 years.Many legends about them associated with the site are very popular.

译文中省去了无助于理解原文的一些典故和地名，使译文读起来更流畅，也更容易为外国游客所接受。不同的语言文字各自具有特定的文化内涵，一种语言文字中的某种含义很多时候非常难通过译文用另外一种语言文字传递给它的目标接受者在译介过程中语言信息在译者意识上的投射是导致信息删减的主要原因这类文化信息是翻译里最难传递的部分，是译者“前意识、潜意识、有意识”而为之，这类意识性的删减在所难免。

这类文化内涵深远的文化因素要能够被译入语的游客普遍接受，以达到文化交际的目的，由于缺少对目标读者认知的精确定位，原文中的极高“文化素”内容很可能被扭曲或直接删除。译者作为跨文化交际中介者，永远都需要考虑想表达的意义是如何锚定具体的社会语境及价值体系的，以及它对目标读者的清晰程度，即在世界大相径庭的文化模式中意义是如何被定义的。但民族文化对外传播的价值就在于其“他者”的特质，因此，无论翻译这类信息的难度多大，译者都应该将意识性删减控制在合理范围之内，尽可能地在忠实于源语的基础上追求效果的近似或等同。

### （四）联想对应

套译即将中文资料的语言形式转化为英语读者熟悉的语言方式（谚语、格言等）译出。由于文化背景不同，历史文化景观中蕴含的形象有时不符合国外的习俗，如直译出来就会颇为费解，或原文的形象引起另一种联想，从而影响到原文意思的准确传达，这时大多可以采用套译。

例 1：有一石雕牌坊，刻工精细，上书“云梦胜境，海内奇观”。

译　文：There is a stone arch with fine engraving workmanship，upon which are engraved eight Chinese characters meaning “East or west，Yunmeng's landscape is fanciest”.

原文中的“云梦胜境，海内奇观”采用直译，很难在英语读者中引起共鸣，也缺乏美感，而借用“East or west，home is best”的英语谚语进行翻译，就比较容易为英语读者所接受，并容易产生共鸣。这样既照顾了英语读者的阅读习惯，减少了阅读障碍，又增强了译文的感染力，唤起了游客的兴趣。

### （五）语法改写

由于汉英两种语言的差异，要使译文读起来像原创作品一样，在语言上就必须重写或改写。同时，由于文化、思维习惯、行文风格和修辞手法等不同的原因，译文也必须改写。

## 四、文化选择与古迹名称翻译

文物古迹名称的翻译不是简单地翻译一个普通事物的称谓符号，而必须考虑如何译出它所传递的文化信，尽可能忠实、完整、准确、规范地反映原名称的文化内容，让目的语读者了解该译名所表达的文化含义，是文物古迹名称翻译的一个主要目的。许渊冲先生在论及文学翻译方法时曾说“文学翻译不但是译词，还要译意；不但是译意，还要译味”。

由此可见，语言的真正同一性，不可能是一种实体的同一，而必须更确切地被定义为一种功能的同一。译名与原名在表达形式上的差异，正表明接受文化（receiving culture）与源语文化（origin culture）在文化沟通和语言习惯上存在的距离。这一距离的存在，决定了相当一部分名胜古迹的译名不可能与原名在形式和内容上完全对等。但是，译名中起着文化信息传递功能的画线部分随着接受文化对源语文化的了解逐渐加深，存在自动脱离译名，使译名在形式和内容上达到“最近似”原名的可能。文物古迹名称的初译如果缺少了这部分内容，便只是一个简单的指称符号，失去了文化传播功能。

我们注意到一个非常有趣的现象：母语为目的语的译者与母语为源语的译者对同一文物古迹所采用的译名经常不同。这种差异在形式上要么表现为母语为源语的译者的译名详尽而母语为目的语的译者的译名简约，要么正好相反实质上，这种差异反映的是不同文化背景的译者对同一事物与接受文化所处关系状况的认识差异，当然还有语言习惯的差异。按照多元系统理论的观点，译文采用何种标准和功能，是它们与目的语系统关系的结果。这种选择似乎受到接受文化系统状况的支配。源语译者如果无法认同接受文化系统状况的支配，或者不了解接受文化系统的选择而沿用自己的译名，就会在一段时间内出现译名不统一的现象这种现象的消除往往取决于接受文化的选择，就如有人最初将英语 violin 译为“梵阿玲”不被中国文化系统接受一样。可见，一个译名的最终确认，往往是接受文化选择的结果。译者的职责，就是尽可能为这种选择提供忠实、完整的信息。

我国名胜古迹名称的构成形式主要有以下几种基本类型：第一，文物古迹自身名，如“天安门”“慈云阁”；第二，地名 + 文物古迹名，如“乐山大佛”“常德铁幢”；第三，人名（或组织机构名）+ 文物古迹名，如“成吉思汗陵”；第四，地名 + 历史事件名，如“会宁红军会师旧址”“平顶山惨案遗址”；第五，上述类型的合成或重叠形式，如“庐山会议旧址及庐山别墅建筑群”。形式虽然有限，实际情况却千差万别，甚至有名不符实的情况。与原名形式相对应的常见译法主要有：第一，译名法，如“北石窟寺”译为 Northern Cave Temple；第二，译音 + 译名法，如“乐山大佛”译为 Leshan Giant Buddha，“托林寺”译为 Tuolin Lamasery；第三，译名和译意结合法，如“北京东岳庙”译为 Beijing Taoist Temple of God of Mt'Taishan，“天坛”译为 Temple of Heaven: an Imperial Sacrificial Altar in Beijing。由于文化差异和名胜古迹的个体差异，采用第一、第二类译法的例子并不多见。第三类译法因源语名称的类似结构最多，兼之简便易行，故使用得最多，其应用从近现代历史人物墓、故居到各种寺庙及雕塑建筑等均可见到。其中，译名和译意结合法又分为两种形式：一种是在译名中增译文化内容（如北京东岳庙)；另一种是在译名后加注（如天坛)。此类译法多用于名称比较抽象，内容对接受文化比较陌生，或名称与内容不相吻合的名胜古迹名称。

在历史文物古迹的实际翻译过程中，具体译法的选择主要取决于原名称的整体意义（形式与内容)，同时还必须考虑译名的“可接受性”，让目的语读者了解其所指对象的文化内容；然后译者应根据文物古迹的实际名称和内容灵活变通；译者应了解文物、考古领域的一些基本常识，翻译中尽可能地保留与原名在形式和内容上“最近似对等”的可能，为目的语读者提供忠实、准确、完整的信息。

## 五、古迹简介的翻译

历史文物古迹景点介绍翻译是旅游文本翻译的重要组成部分，它是一种跨语言、跨社会、跨时空、跨文化、跨心理的交际活动。名胜古迹景点介绍的翻译有其自身的语言与文体特点，包括事件、人物、朝代、对联、建筑等历史文化知识。名胜古迹景点介绍翻译的主要功能是向游客传递历史文化信息，诱导其行动，增长其知识，使其获得享受。因此，在翻译中既要考虑文本功能特征，又要考虑读者；既要关注美学标准，也要关注文化因素；还要了解文本内容与形式的关系以及相关的翻译策略与技巧，下面我们将探讨常用的古迹简介的翻译方法。

### （一）增补文化信息

在名胜古迹景点中文介绍中，有许多隐含的如人名、地名、朝代、历史事件等历史文化知识，大多数的中国读者都能看明白。但对于不太了解中国历史文化的读者来讲，如完全对等翻译，可能会存在信息缺失不全的问题，故在译文中有必要给予增译，补全其缺失信息，以达到语义顺畅连贯的效果。运用该方法，不仅可以增加译文的可读性，使其在目的语文化以及交际环境中有意义，也达到了宣传中国文化的目的。下面是中国文字博物馆关于殷墟甲骨上的毛笔书迹的介绍。

例 1：毛笔的使用，起源很早。郑州小双桥商代中期遗址发现的 17 件朱书陶文，就是用毛笔在陶片上书写的文字。殷墟时期，除陶器、玉石器外，甲骨上亦见毛笔书迹。

译文:The use of brushes to write started early.In the Zhengzhou Xiaoshuangqiao site（in Henan Province）of the middle Shang Dynasty（1550-1300B.C.)，17 pieces of pottery were excavated with characters which were written with a brush in red In the Yinxu Period（1600-1046 B.C.)，in addition to pottery，jade and stone artifacts，oracle-bone also had brush writings.

中国人喜欢在背景介绍时联系到大量的地名及朝代，如“郑州小双桥”“商代中期”和“殷墟时期”。国内游客对这些词可能并不陌生，但目的语读者却可能不甚熟悉。因而，译者在翻译时最好补充一些原文中没有的背景信息，如“郑州小双桥”在中国大概的位置、“商代中期”和“殷墟时期”所处的具体年代等，旨在给译文读者更多的相关信息，帮助其更好地理解。这样，尽管译文和原文在信息上并不对等，但在读者中会达到同样的效果。

例 2：五公祠位于海口市区。自北宋大文豪苏东坡于绍圣四年（1097）被贬来琼，借寓金粟庵（今五公祠内）留存遗迹以来，宋、元、明、清及民国历朝不断在其周围增建、重修古迹，习惯上把这组古迹群称之为“五公祠”。

译文：Five Officials Temple（also known as Hainan's First Building），located in Haikou City，has a history of about one thousand years.In 1097，the fourth year of Shaosheng of Northern Song Dynasty，Mr.Su Shi（who is often referred to as Su Dongpo），a great eminent writer and government official，was exiled to Hainan by the Emperor because of political frame up.Upon his arrival，he settled down in this site known as Jinsu Hut.The temple complex was built at the site dating from Southern Song Dynasty from 1127 to 1279 to the Republic of China in memory of Mr.Su Dongpo and other four officials who were also sent into exile to Hainan during Tang and Song Dynasties.

景点介绍文本只提到苏东坡，而未提及他另有其名“苏轼”；虽交代了苏东坡是大文豪，但未提及他是北宋朝廷官员；只提到他被贬，而未提及他被贬原因；只间接提到他是“五公”之一，而未提及在唐宋两朝期间被贬到海南的其他“四公”；除此之外，景点介绍中重要朝代的起始年份也没有交代。以上信息很有必要给予补充。依据这些缺失的信息，才会有英译文中的增译，以方便读者理解。

### （二）减译顺应英语修辞

汉英语言修辞存在很大的差异，汉语文本惯用的“华丽辞藻”往往可以渲染气氛，但本身没有多大的意义。这样的信息如果直译，会使外国游客难以理解，导致跨文化交际的失败使用减译法可以使译文更容易为外国读者所理解接受，并能使译文语篇连贯，更容易让接受者理解，从而较好地实现其翻译目的。因而在不影响译文主要信息和目的的情况下，译者可以根据目的语读者的行文习惯，作适当的删改，省略原文中不必要、累赘重复或不重要的信息，以突出主题信息，保持译文简洁直观的特点。下面是某文物古迹的“前言”部分：

例 1：中国是世界四大文明古国之一。数千年岁月长河，舞动着绵延起伏的文波字浪；几百年沧海桑田，积淀了中华文字的一脉相承。文字的产生，凝聚了炎黄子孙认识自然、改造自然的心血智慧；文字的发展，写照了中华民族融合进步，走向统一的文明历程。

译文：China is one of the four ancient civilizations.A history of many centuries has contributed to the development of its writing systems.The birth of the characters demonstrates the wisdom of the children of the Yellow Emperor in the process of acknowledging and utilizing nature.The development of Chinese characters reflects the merging of all Chinese ethnicities.

例 1 中,“岁月长河”“文波字浪”“沧海桑田”“一脉相承”等一系列四字成语的运用，文采浓郁、言辞华美；而且原文运用了大量的对偶平行结构，行文工整、声律对仗，达到了音形意皆美的效果。这样的写作风格为中国读者所接受，因而原文能有效地唤起读者对美的感受，进而实现文本的“呼唤”功能。但是，这种修辞风格对英语读者却显得累赘，缺乏实际内容。在英文博物馆解说词文本中这种语言风格并不多见，英语解说词大多风格简约、简洁明了。为了顺应英语的修辞风格，译者就要适当地采取避虚就实的省略翻译法，将这些“溢美之言”省略，用简单平实的语言来传递信息，只译出原文的主要内容，来满足译文读者的心理预期，使译文显得更为客观自然，易于被外国游客接受。

## （三）厚译实现内容之美

“厚译”是指尽量充分地翻译出原文文字面没有，内涵却对目的语读者更有价值或更易接受的内容。这种译法是不拘泥于原文字面，充分考虑到译文受众的“文化智商”，按照目的语的特点和习惯进行必要的改造和调整，以期更好地服务于读者、在中文历史景点介绍资料的英译过程中，一些具有中国特色的表达方式和汉语独特的语言结构，如果按字面译成英语，必然使不熟悉中国文化背景的外国游客难以理解，甚至不知所云。下例摘自河北承德避暑山庄的景点介绍。

例 1：避暑山庄，依山就势，合理布局，以塞北群山的浑厚雄奇，江南水乡的清新秀美，展示着中华几千年造园艺术的风范。

译文：The Mountain Resort not only features spectacular northern gardens，but also boasts a large number of elaborate architectural works，which is the main characteristic of southern gardens.In other words，it combines the grace of South China with the grandeur of North China. The Mountain Resort，with a special and rational layout as well as its verdant strange hills，crystalline lake and elegant buildings，offers some fine examples of Chinese architecture and landscape gardening.

本段描写的是承德避暑山庄，译者打破了原文的结构排列，把避暑山庄“依山就势，合理布局”放到译文最后，把避暑山庄具有“塞北群山的浑厚雄奇，江南水乡的清新秀美”译为 not only features spectacular northern gardens，but also boasts a large number of elaborate architectural works，which is the main characteristic of southern gardens，这里用具象的名词译出原文中宽泛的词汇，用实际信息避免了原文中形容词的虚空，译文不仅使行文更通顺、信息更明确，也更符合英语的写作方式和西方人的思维习惯这样的翻译减轻读者的阅读负担，为他们提供了更好理解原文之意的语言，能起到较好的翻译交际效果。

例 2：1961 年，国务院公布其为全国重点文物保护单位，1984 年成立博物馆，2008 年成为首批国家一级博物馆，占地 14 万平方米。

译文：It was one of the first key historical and cultural sites under state protection by the State Council in 1961，where a museum with an area of 140，000 square meters was established in 1984 and included on the first list of the national top-class museums in 2008.

原文是成都武侯祠门票上的一段文本，译文对该景点进行了适当的改写和信息增补译文采用典型的英语树形结构句式，把原文中的三个汉语句子转化为一个英语复合句；用一个主干结构强调突出主题信息，且运用 by 引导的介词短语及 where 引导的状语从句修饰主句，以体现英语句式逻辑性强、结构严谨的审美特征。增补体现了译者的读者关照，增加的内容是原文字面无而译出来更易理解的内容。

以上两例都是在原文之意的范围内采用调整和改造的翻译方法，适当译文非常充分，并不增加译文受众的负担，更有助于读者接受原文之意。

每个历史名胜古迹都有其自身的历史文化意义。名胜古迹景点介绍的翻译其实是一种动态的再创造过程。通过对景介的剖析，译者需要对源语文本进行大胆的翻译重构，采用增译、释译、缩译、省译、意译、厚译等翻译方法，最大限度地使源语文本与译文保持内在的语义关联和语用对等，让目的语游客读译文景点介绍就像读有趣的故事一样得到享受，以期发挥旅游景点介绍呼唤的功能。

# 第二节　地方文化的旅游翻译

## 一、旅游外宣文本类型与翻译模式

凡是与树立旅游地国际形象、促进地方对外交流相关的所有文本均属于外宣文本的范畴，它涉及地方社会生活的各个领域，如政治、经济、法律、科技、文化等。文本类型理论的核心是在文本分析的基础上确定文本功能，从而采取相应的翻译策略和方法。德国功能翻译理论创始人赖斯创立了一种基于源语语篇和目的语篇功能关系的翻译批评模式，即文本类型理论。该理论将文本功能、翻译目的、翻译策略和评估标准相结合，以功能主义为基础，以目的为导向，为翻译行为提供了一种更为客观、科学的理论和模式。赖斯根据文本的功能，将文本分为三个类型：信息功能文本、表达功能文本和呼唤功能文本。这种文本类型的分类是为了帮助译者比较深入地了解交际功能的语言标记和功能翻译单位，并在此基础上选择恰当的翻译策略和方法。

赖斯认为文本类型是影响译者选择适当方法的首要因素。因此，地方外宣资料翻译的重点是遵循对外宣传的三条基本原则，在文本类型理论的基础上，采取恰当的翻译策略和方法，以实现翻译目的，取得对外宣传的最佳效果。在文本类型理论的基础上，根据对外宣传的基本原则和目的，地方旅游外宣资料翻译模式分为以下五个步骤。第一步：确定原文内容。译者在充分考虑译文读者的情况下确定外宣文本的内容，以便准确理解、分析和再现原文。这里强调的是，“外宣”与“内宣”内容要有区别，有的对内宣传资料不宜外宣。第二步：分析原文文本类型。根据文本类型理论，将原文按其功能划分为三种功能文本，即表达功能文本、信息功能文本和呼唤功能文本。第三步：根据文本类型的功能分类，选定相应的翻译策略。表达功能文本翻译“以原文作者为导向”；信息功能文本“以原文内容为导向”；呼唤功能文本“以读者为导向”。第四步：在翻译策略的指导下，根据需要选定具体的翻译方法，如改写、补偿、移植等。第五步：在前四项的基础上产生译文。

在上述模式中，译者对文本类型的分析和确定是整个翻译模式的关键和核心，决定了译文的翻译策略和方法，直接影响译文的产生。

## （一）表达功能文本

表达功能文本翻译的原则是以“原文作者”为导向，既要忠实地传达原文的内容，也要传达原文的形式，更要再现原文作者的语言风格。表达功能文本文体主要包括涉及旅游地的政治演讲、各种文件、法律法规文献、小说、诗歌、散文等。

例 1：我坚信在不久的将来，成都将成为中国健康城市的模范。借此机会，首先向全国爱卫办表示祝贺，他们成功地将健康城市的理念和工作引入中国；另外也向我们的合作伙伴中国健康教育中心表示由衷的感谢，他们承担了中国健康城市资源中心的职责；最后再一次感谢远道而来的世界卫生组织的同事们，谢谢大家对此次研讨会的支持。

译文：I am convinced that in the near future，Chengdu will be well-known as an excellent model of a Healthy City in China on this occasion，I would like to congratulate the National Patriotic Health Campaign Committee for their successful leadership on promoting the Health City concept and initiative in China I would like to thank the efforts and consistent support of our close partner，the China Center of Health Education，which is functioning as China's Healthy city resource center.I would also like to thank our experts and team members from WHO who have come from far to help us at this workshop.

原文选自在成都某国际会议开幕式上的一段发言，具有较为浓烈的感情色彩。在确定采用以“原文作者”为导向的翻译原则后，译者对原中文稿件中的内容做了适当修改，将“领导”改为“引人”，译为 leadership，将“理念和首创精神”改成“理念和工作”，译为 concept and initiative，因此，与会者听到的译文为“...1 would like to congratulate the National Patriotic Health Campaign Committee for their successful leadership on promoting the Health City concept and initiative in China”。此外，为了清楚地再现原文内容，译者在翻译过程中采用了“补偿”的方法，在原中文的基础上增译了“支持”，将整句话译为“I would like to thank our experts and team members from WHO who have come from far to help us at this workshop”这样的改写策略更加有利于该城市树立不卑不亢的国际形象的跨文化交流需求。

例 2：经过 30 年的努力，深圳成功地探索了一条具有中国特色综合治理人口和环境问题的道路，逐步形成了适应市场经济要求的环境调控体系和计划生育工作管理体制，环境与社会发展取得了举世瞩目的成就，公民的生存权、发展权和经济、社会、文化权利得到了显著改善。

译文：After 30 years of efforts，Shenzhen has successfully found its own way to have an integrated approach to the population and environment issue with its own national characteristics. A system of regulating and adjusting the population growth with a proper family planning program management has gradually come into being.This is a system in keeping with the market economy.Our environment and development program has achieved universally acknowledged success.The citizens' rights to subsistence and development and their rights in the socio-economic and cultural fields have been notably improved.

译文中先后使用了 found its own way，with its own national characteristics，our environment 等非常具有感情色彩的表达方式，同时，译者采用了改写的翻译方法，将“逐步形成了适应市场经济管理体制”长句改成 A system of…come into being 和 This is a system in keeping with the market economy 两个短句，在情感表达上更加精焊有力，更符合“以原文作者为导向”的原则。

## （二）信息功能文本

信息功能文本的特点是“以原文内容为导向”，译文注重真实性，力求清楚、准确且有逻辑地再现原文的全部指称内容或概念内容。信息功能文本主要包括学术论文、报纸杂志文章、会议文章等。如：

例 1：我市以 12，000 余公里干支民坑堤为主，配合荆江、洪湖和杜家台等分蓄洪工程，加上丹江口水利枢纽和 5，800 多座大中小水库群，组成了能够抗御较大洪水的防洪体系。

译文：A flood-proofing system which can resist large flood has been established throughout the city.It mainly includes the main and auxiliary dykes of more than 12，000 kilometers，the flood diversion projects and flood storage projects such as Jinjiang Project，Honghu Project，etc，and the Key Water Conservancy of Danjiangkou and 5，800 reservoirs of small，middle and large sizes.

原文选自《湖北概览》中关于武汉市防洪体系的介绍，该文本类型信息性强，目的在于让游客了解相关内容，翻译时译文应强调内容的真实性和准确性原文句式较散，是典型的汉语思维模式。为了更好地突出信息重点，翻译时对原文进行了改写，将其改译成了两句话，并将主语变成 A flood-proofing system 以突出重点，更符合西方读者的语言和思维习惯。

例 2：Urban Heart has been developed by WHO in collaboration with international experts，city officials from across the world，and community groups.

译文：“城市健康公平性评估及反应工具”是由世界卫生组织及来自各国的专家、政府官员及社会团体共同制定开发的一套帮助城市规划及采取相应行动的工具。

上述信息是一则发言稿，译者在明确“以内容为导向”的翻译策略后，采用相应的翻译方法完成翻译任务。第一，采用“移植”的方法翻译 Urban Heart。它不是一个普通的名词词组，而是与城市健康评估和反应相关的一种工具，于是将其全称“城市健康公平性评估及反应工具”移植到译文中，从而使读者准确地掌握该同组的内涵。第二，采用“补偿”的方法进一步补充发言人的讲话内容，力求通顺易懂，完整再现原文的信息内容。在译文中增加了对 Urban Heart 的解释性说明，即“一套帮助城市规划及采取相应行动的工具”，明确原文信息内容。

### （三）呼唤功能文本

呼唤功能文本的特点是“以读者为导向”，译文可以不遵循原文的内容、形式和风格，但译文效果必须感染读者，以唤起读者的情感共鸣，强调和重视读者的感受。呼唤功能文本主要包括广告、宣传、产品说明书、通知等。大部分的城市宣传口号都属于呼唤功能文本。如：

例 1：魅力北京，活力北京，和谐北京

译文：A Charming，Dynamic and Harmonious Bejing City

例 2：动感之都，就是香港！

译文：City of Life：Hong Kong is it!

例 3：诗画江南，山水浙江。

译文：Poetic Jiangnan，Picturesque Zhejiang

例 4：上有天堂，下有苏杭。杭州欢迎你！

译文：Paradise in Heaven，Suzhou and Hangzhou on earth.Welcome to Hangzhou!

例 5：“海在城中，城在海上”；厦门欢迎你！

译文：Welcome to Xiamen and enjoy the wonder of the sea within the city and the city on the sea!

对于呼唤功能文本，由于其文本的核心是“读者层”，因而文本作者的身份并不重要，重要的是信息的传递效果和读者的情感呼应，即读者效应，以唤起他们去行动、去思考、去感受，按文本预想的方式做出反应。译者必须顺从译文读者的欣赏习惯和心理感受，尽量使用他们所熟悉的语言表达形式，去获取译文预期的效果。上述例子中，译文采用了如补偿、改写等翻译方法，对原文采用“阐释”（explanation）而不是“复制”（reproduction）。这样让译文显得更加地道流畅，明白易懂，既加强了译文的可读性，又介绍宣传了城市，扩展了游客的知识，激发了游客的旅游参观兴趣。

总之，地方旅游外宣资料涵盖的范围较广，包括政治、经济、文化、教育、旅游等各个领域；其所涉及的文体也较丰富，包括城市名片、各种会议资料、旅游景点介绍等。

## 二、地方文化旅游外宣的通约性建构

近年，随着国际旅游的快速发展，各地方政府加速了当地旅游文化的开发，因此，对地方文化的旅游外宣翻译也越来越受到重视。然而，对于地方文化的地方性如何融入全球化，提高对外传播效果，还未见到较有价值的讨论和研究。在当下对外讲好中国故事和传播好中国声音的时代热浪中，把我国最具民族性的地方文化“远嫁”世界，如何能够受到目的国目的文化的理解、尊重、喜爱和珍视，从而实现平等对话、互惠共存的文化理想，更进一步助力国家政治经济发展战略，应受到学界的关注和研究。

## （一）地方文化走向世界

在中国多民族的国土上，地方文化样式繁杂，因地域不同而变化多端、异彩纷呈地方文化存在于民众生产生活中的点滴之处，是散落民间的珍珠宝玉自然环境地域性差异和人文历史积淀的不同，使得地方文化呈现出明显的地方性和区域性特色地方文化展现的是不同地理区域和历史事件中的情境，给出各个时代不同群体的发展模式，展现地方社会的精神合作。例如，近年兴起“民俗游”，当走人民俗村、古镇、古街，让人不由地感叹“旅游是民俗的学校，民俗是旅游的极品”，越是与旅人自身文化不一样的，越具有吸引力，引起强烈的新奇感，这说明民俗本身是“自己人”的文化，对国外游客而言，越是地方的越具有推介的价值，它们所承载的人文根脉越需要受到关注和保护。

然而，面对一个全球化信息化的新时代，地方文化从历史上一路走来，它的文化身份也在不断地经历着适应和调整。当中国现代社会政治经济的发展为世界瞩目，当日新月益的传媒技术提供了通信的便利，“自己人”的文化受到更多身处异国他乡的“外人”的接纳和追捧，地方文化便走向了世界，地方文化地域性和世界性就这样嫁接成功。正如学者所言：地域文化本身已经成为全球化文化的一部分，全球化的文化必然有其地域化之根的特征，地域化中包含着全球化的东西。

## （二）旅游外宣的文化间性之维

中国人自古奉行“修身、齐家、治国、平天下”的人生理想，近代“师夷长技以制夷”和20世纪“西学东渐”以来，中国人逐渐走上对外联系而发展自己的道路。在文化“走出去”势不可挡的当下，中国人将众多丰富多彩的民族文化推介给四海天下，在对外文化沟通和交流之中定位自己、认识自己、发展自己。截至目前，全球设立孔子学院已逾500所，有关文化体验和交流的对外传播活动日益频繁，互联网和电视国际频道以外文、双语（或多语）专题报道的形式把中国文化的精品全面深入地向国外受众报道和传播。与此同时，学界不断总结经验，探讨中国文化如何调动国外民众的心理亲近和利益需求。随着西方后现代思潮的涌入，学界对外传播研究视角不断开阔，作为典型的跨文化传播，地方文化旅游外宣当然不能忽视文化间性这一维度。

文化间性主义是一门关于不同文化团体之间交际传播的哲学。文化间性主义要求人们构建一个相互协商、调整的文化间性场域，一道建构互惠互补、共生共赢的跨文化关系。文化间性主义不区分族裔、不划分文化，它融会贯通，通过文化间的共性来推进文化间的互动、文化间性传播观要求传者给目的语的文化带去影响甚至是冲击，它以“共同文化”为平台把原文本中的差异性、陌生性与他者性巧妙地传达给受者，能较好地实现传播的宗旨。

从文化间性视野看，地方文化外宣应从文化之间的关联角度进行，关注传播内容何以能在不同文化的互动中进行意义建构；将跨文化传播建立在文化间性视野基础之上，从而实现世界文化对话、人类社会和平共存的文化理想，这是民俗文化在全球化语境下国际交往应追求的境界。

## （三）翻译中的通约性建构

由于地方文化本身存在于世俗的日常生活中，因此对其进行外宣的旅游资料主要通过亲民性的讲故事的方式进行，并配合文化旅游体验活动使用。如果将区域文化融入官方和民间的政治、经济、学术以及其他互动之中，地方文化就能有效地对外传播。

问题在于如何融入。从文化间性视角看，这需要寻找易于达到文化之间关联和互动中意义建构的文化符号。地方文化“走出去”既是跨语言也是跨文化的传播，而跨语言跨文化传播主要问题是信息内涵意义上的隔膜，在不同的语言和文化中，同样的载体也可能被赋予不同的内涵意义。因此，跨语言跨文化传播最根本的任务就是：在传播者和接受者之间构建起具有通约性的信息载体，使得双方在共享这些载体所承载语言文化内涵的基础上产生相互理解和认知要取得这样的传播效果，首先在传播内容上应注重信息的通约性。从文化比较和文化间性的视角看，文化“走出去”需要将符号学、美学、艺术学、认知科学等多学科的视角与对外传播学相结合，力图搜寻源语原文化传播内容与目的语目的文化中共通的内容，定位通约性的文化符号。

### 1. 内容与形式的可通约性

“不可通约性”来自数学领域，库恩把这个术语应用到科学史和科学哲学领域，使之成为哲学上的专业术语，指范式或理论之间的不可通约性。地方文化国际推介过程中，地方性如何融入全球化，提高对外传播效果，地域性特色在引起外国受众短暂的关注之后，如何在新奇效应的基础上与异域文化有效互动，获得适应和接纳，这是传播成功的关键，要取得良好的传播效果，首先在传播内容上应注重信息内容和载体的可通约性，需要将语言学、符号学、解释学、认知心理学、美学、艺术学等多学科的视角融入对外传播效果研究，力图找到源语文化与目的语文化中相通约的内容和途径。

文化的民族专有性使其带有与生俱来的不可译成分，即文化翻译中不可通约性问题非常突出然而，地方文化也正因其地域性特色而吸引外国受众的关注，对外传播价值突出，探究翻译过程中的不可通约性和可通约性是如何调和互动的，这需要进行文献学习、理性分析和实证研究。在翻译研究领域，“不可通约性”最早被用于翻译研究的语言学范式和文化研究范式间的对比研究。我们可以将“不可通约性”和“可通约性”用来与“可译性”与“不可译性”进行类比，预言这两个概念将成为翻译学与语言哲学、解释学进一步融合的见证。

在所有类型的文字翻译过程中，最大的不可通约性在于形式的不可译。就地方文化而言，其文字表达中形式的不可译性问题依然难以克服；除此之外，文化内容的不可通约性将是最具挑战的，内容的可接受将是传播成功的关键。

内容和形式两方面的可通约性要求翻译者研究外国受众的文化心理，利用可通约性强的文化符号切入，将百姓的故事娓娓道来，潜移默化，润物无声，悄然进入受众的心灵；有效的地方文化对外翻译应当从目的语受众的民族性、群体性、人之本性出发，挖掘民众思想意识的表征系统，以在目的语中寻找可通约性的文字符号为重要内容琳琅满目的中国地方文化在“走出去”的过程中，如何获得异国民众的心理亲近、认知接纳，继而产生文化对话和文化体验行为，这是实现传播目的的关键此外，旅游外宣研究还需要结合地方文化翻译实践作品，从文化通约性入手，对译作中的实例进行实证研究，描述讨论具体的翻译方法和策略对于可通约性建构的意义和价值。

### 2. 确定通约符号

亚里士多德说过，言语是心灵过程的符号与表征，而文字则是言语的符号与表征，所有人并不具有相同的说话声音，但这些言语和文字所直接意指的心灵过程，则对于一切人类都是一样的。人同此心，心同此理，人类各民族文化的共性决定了翻译的可能性（translatability 可译性）。然而，人类各民族文化的共性决定了翻译的局限性（untranslatability 不可译性）、人类自古与动植物生息共存，借助动植物意象祈福言志是世界性的文化母题。全球人都懂得橄榄枝和和平鸽的象征意义，袋鼠和考拉自然是澳大利亚的象征，“斗牛”早已成为西班牙的独特风景，凡此种种，不一而足。对于翻译这些异国文化而言，问题的关键在于找到恰当的通约符号。

现以“梧桐树”这个意象为例，就确定通约符号的问题进行讨论。在中国古诗词中，“梧桐”意象意义深远。以时间为序，我们摘取下面这些诗句：

《诗经•大雅•卷阿》凤凰鸣矣，于彼高岗。梧桐生矣，于彼朝阳。

庄子《秋水》夫鹓鶵发于南海，而飞于北海；非梧桐不止，非练实不食，非醴泉不饮。……

《孔雀东南飞》东西植松柏，左右种梧桐。枝枝相覆盖，叶叶相交通。

孟郊《烈女操》梧桐相待老，鸳鸯会双死。

李煜《相见欢》无言独上西楼，月如钩。寂寞梧桐深院锁清秋。

徐再思《水仙子•夜雨》一声梧叶一声秋，一点芭蕉一点愁。

温庭筠《更漏子》梧桐树，三更雨，不道离情正苦。一叶叶，一声声，空阶滴到明。

李清照《声声慢》梧桐更兼细雨，到黄昏，点点滴滴。这次第，怎一个愁字了得。

在这些诗句中，梧桐被赋予“高洁品行、忠贞爱情、落寞愁绪”等意义。这个意象在翻译中，译者的任务就是在英语文化中找到合适的文化符号与“梧桐”的文化内涵相对应。当我们翻译“梧桐”对发现，梧桐有三种译文：Chinese parasol tree，Phoenix tree，Kola nut。就这三个译名而言，只有“Phoenix tree”与“梧桐”意象的一个含义相关。

其实，英语诗歌中可以寻找到相关的文化意象。华兹华斯诗中的《黄水仙》，象征着进化和安慰心灵的自然力量，“I wandered lonely as a cloud that floats on high o'er vales and hills，When all at once I saw a crowd，a host，of golden daffodils…”黄水仙那在山谷上的高傲形象，那水仙的欢欣，那郁郁的独眠或是诗人内心的向往，是对自己的描述。当我们读到和雪莱的《致云雀》，云雀那“purest heart，soaring highest，shrill delight”的形象，恰是作者追求光明，纯洁美丽的心灵的象征。罗伯特 · 彭斯的“my Love's like a red，red rose”和古希腊罗马神话中被农牧神追逐的森林小仙变成了一只水边芦苇，《快乐王子》中小燕子也爱上了一只芦苇。

我们发现，在英语文化中，品行高洁可用“黄水仙”“云雀”来对应，爱情可用“玫瑰”或“芦苇”来表征。但这些意象与源语中的内涵仍然相去一段距离，“黄水仙”和“云雀”各有各的象征意义，而“忠贞”的含义也很难从英语的rose和reed这两个意象中获得。所幸，“黄水仙”和“云雀”都与高洁品性相关，“玫瑰”和rose与“芦苇”和reed在英汉语言中也都与“爱情”相关，如果做对应翻译的话，这在一定的语境下可以促进受众领会原文之意的作用，也在一定程度上起到通约符号的效果。

### （四）旅游外宣翻译任重道远

当然，地方文化的对外宣传，远非向外国受众描述异域文化的某种代表性之物或是讲述异域文化的一个新奇故事那么简单，除了意义的“给予”之外，还强调意义的“获得”，更强调意义“表征”的方式。

文化间性主义理念的勃然兴起为异质文化之间交往行为表现提供了理论阐释，拓展了文化的存在与发展空间。文化之间交流的关键就在于交流双方对交往原则的共识。这一原则是文化互动之合力的结果，它不该由某方给予，而应在文化的碰撞过程中生成。与多元文化主义截然不同的是，文化间性主义不区别与划分文化，也不予任何文化以优先权，它融会贯通，以自由的价值观与人权为基础来发展共同的公民文化，通过文化间的共性来推进文化间的互动。

地方文化若想真正走向世界，特别是让传播难度较大的行为文化和精神文化真正走人外国受众的心灵，就必然要在对话双方的文化主体之间去思考问题，这就必然离不开文化间性的视角，也离不开对传播主体跨文化能力的深入探讨。此外，学界已经指出，在中国文化走出去的过程中有两大最根本的问题：一是将中国文化理解为一些简单的通俗文化，例如气功、饮食、武术、京剧、书法、民间艺术等。二是将中国文化的大小传统相割裂，不能从中国文化的价值高度来说明这些小传统文化的文化意义和思想意义。从而在这些通俗性传统文化走出去的过程中没有很好地彰显出中国文化的世界性意义。因此，地方文化的外宣，必须注重表征“世界性意义”的文化符号的定位和建构。

此外，文化对外输出不是“越热闹越好”，也不是单向的“我认为好就好”，而应当研究外国受众的文化心理，利用通约性强的文化意象符号切入，将百姓的故事娓娓道来，潜移默化，润物无声，悄然进入受众的心灵。有效的地方文化对外宣传，并不能停留在物质层面的你来我往，而应当从当地人的民族性、群体性、人之本性出发，需要挖掘民众思想意识的表征系统，以寻找、包装、宣传通约性的意象符号为重要内容，要以提升译品质量和对外传播效果为目的琳琅满目的地方文化在“走出去”的过程中，如何获得异国民众的心理亲近、认知接纳，继而产生文化对话和文化体验行为，这是一项繁重的工作，需要各界通力开发、着力实施。地方文化要在当地旅游经济开发和国家外向型经济发展中，抓住机遇，有所作为，翻译工作任重而道远。

# 第八章　基于城市公示语和旅游广告的旅游翻译

## 第一节　旅游城市公示语翻译

### 一、汉英思维差异下的旅游城市公示语翻译

一个民族如何认识世界，如何用语言表达对世界的认识，都有各自的特点，这就是思维模式问题。思维是人脑对客观世界的反映，是抽象的，摸不着也看不到，并以某种方式得以外化。在人类社会中，语言便是思维的一项重要载体。东方思维的最大特点是整体，而西方思维方式的显著特点是分析，用哲学语言来说，东方是合二为一，西方是一分为二。东方重整体西方重分析的思维习惯导致了汉英语言结构上的差异。

#### （一）思维差异对语言的影响

1. 词汇上的选择与使用

由于英汉语言划分词类的不同，有些意义相当的词语在两种语言中分属于不同的词类，因而很容易产生词类混淆的错误。例如，汉语里人称没有主格、宾格和所有格之变，而且每个格都具有其自身的用途，分别充当主语、宾语和定语等。

英语名词有可数与不可数之分，汉语里没有。一般情况下，名词都可受到数量词的限制，如 advice，information，news，weather，等等。冠词与介词更是与汉语相差甚远；“请开门”若译成英语同样需要加上冠词“the”变成“Open the door，please.”

此外，英汉词语的不对应现象在概念意义、内涵意义和搭配意义上表现得更为突出。例如，“纯咖啡”是“black coffee”，“浓茶”为“thick tea”，“无风不起浪”为“No smoke without fire”，“谨慎是安全之本”译为“Caution is the parent of safety”。所以，

英汉思维方式的不同决定英汉词语在使用上的差别。

2. 句式上的理解与表达

英语和汉语分属两种不同的语系，它们在遣词造句方面存在很大的差异。例如，汉语里的“这个人我见过”，“饭她已经准备好了”这样的句子很普遍。而在英语里，一般不能把宾语前置于句首，像“This man I have seen”，“The dinner she has already prepared”这样的句子是违反常规的，一般情况下只能在特定的语境里使用。

被动句和主动句在英文中并用，使文章显得多姿多彩，这是英文的一大亮点。与汉语比较，英文句式在语态上多采用被动形式，尤其是用“it”作主语的非人称被动式，如 it is believed，it is known，it is thought，it is said，it is reported 等，而汉语句式在语态上多采用主动形式。

在否定句中有些否定词的排列顺序上，两种语言也有着很大差别。例如，“我认为这事不值一提”译成英语时不能按字面语序译为“I think it's not worth mentioning.”在英语里，诸如在 I think...，I believe... 等类似句子中，其否定形式和汉语是不同的，否定词需要前置。这句话正确的译文是“I don't think it's worth mentioning.”

另外一种语言现象是汉语中的主语省略，这种省略形式影响到英语的表达，如“走在海边，空气很新鲜”不能按照汉语的句式译作“Walking by the sea，the air was very fresh.”造成主语 air 与分词 walking 之间的错误。

中国人的思维模式是中国社会历史文化的产物，由来已久。当这种思维模式以英语形式表达出来，进行跨文化交际的时候，则会形成障碍。这就需要在日常的学习中通过大量的练习从根本上把语言思维模式扭转过来，在遣词造句、谋篇布局方面适应英美人的思维模式，这样才能有效排除思维模式差异引起的干扰。

## （二）旅游城市公示语的翻译

公示语是在公众场合使用的各种各样的公示文字语言。尽管中国人与西方人看问题的方法在许多方面存在差异，而且这些差异的的确确束缚着旅游翻译的思路。然而，随着我国加入世贸组织，越来越多的外国人到中国经商或旅游，作为国际语言的英语越来越广泛应用于各种涉外场所与活动，因而英语标识语和提示语在人们的生活当中越来越重要了。为了适应开放形势需要，中国很多城市里的公共场所与设施、旅游景点与设施等处将大量采用中英两种语言的公示用语，而世界各地为了更好地接待来自中国的观光客和商务旅游者，欧洲、澳大利亚、泰国、韩国等国，在旅游目的地设置了汉语公示语，可见当今的世界经济一体化，文化全球化的趋势势不可挡。

### 1. 应尽量采用汉英两种文化中在相同场合使用和具有相同功能的公示语

目前国内有一些通用汉语公示语是汉语文化中独有的，在英语国家是找不到任何对应的说法的。在这种情况下，翻译工作者首先不是考虑如何译，而是考虑有没有必要翻译成英文。有些城市公示语可以参照国际英语标识语和提示语直接译成英语，有些则需根据当地的实际情况作一些变通。如：

团结就是力量——Union is strength.

爱屋及乌——Love me and love my dog.

### 2. 要避免出现对海外朋友和对外开放有负面影响的情况

一些具有中国本土意义的公示信息经确认有必要保留，在暂时无法找到对应译法的情况下，应当参照实际功能需要选择适宜形式风格进行试译，然后在部分海外旅游者中进行检验。在确认不会产生任何误解的情况下才可广泛应用。如车站、码头上的"小心扒手"，商店中的"商品售出，不退不换"，以及随处可见的"违者罚款"等。

### 3. 要注意词语使用，避免误解

汉语公示语的英译还应注意特定词语在英、美、澳等英语作为母语国家使用中的差异，使用国际通行、惯用的对等语汇进行汉英置换，避免使用生僻语汇可能造成的不便。由于公示语在公众和旅游者生活中的重要意义，对公示语的任何歧义、误解、滥用都会导致不良后果。

### 4. 应与目标语语言表达习惯相一致

有关公共场所标识的翻译，国际上已有一套通行做法，一定要与国际通行做法接轨，不可任意而为。在进行汉语公示语翻译时，不妨了解一下在同样情况下表达同一个意思，目标语国家的人是怎么说的，这样就符合目标语的表达习惯，例如，在公共交通方面，现在国内许多城市都实行了公交车无人售票，前门上车，后门下车。"后门下车"，英语母语者说"Please exit via rear door."海内外的巴士现在基本都设有老弱病残者专座，海外的说法是"Priority Seating/Please offer seat forward of this sign to the elderly and handicapped."用的是祈使句，而且加上一个"请"字，态度诚恳。

旅游管理部门常常通过在景区显著地点设立或悬挂保护环境的旅游规范标识，从而让游客自觉遵守旅游秩序和保护环境。例如，通过设立不吸烟、无明火、禁止攀折花草的标识来引导游客的言行。

作为旅游公示语的一种，成熟的旅游指南，不仅可以成功地引导游客观光游览，还可以教育游客通过自身的言行来尊重环境。如果游客认可指南中所写的内容，那么指南中的建议就会非常容易地被游客所接受。

综上所述，只有认真探讨英语公示语的功能意义和语言风格，才能真正准确发挥英语公示语在我国深化改革、扩大开放和城市国际化进程中的积极作用。在中国，一个城市的汉英两种语言的公示语应用是否广泛是这个城市开放程度的直接体现，应用是否规范是对这个城市国际化程度的检验，翻译是否得法是这个城市整体素质的直接展现。

## 二、由语篇对比看公示语英译中的文化可译度

对比语言学与翻译之间的关系是非常密切的。可以说，翻译的理论、方法与技巧都是建立在源语和译语之间异同对比的基础上的。在公示语翻译中要确定两种语言对同一概念的表达是否对应，译者必须进行文化、语音、语法、篇章、语用等方面的对比分析。

### （一）语篇对比与公示语翻译

语篇对于翻译而言，是一个极其重要的概念，对于语篇的定义，结构派认为，语篇是大于句子的语言单位，语篇由句子组成：功能派认为，语篇是一个语义单位，它不是一个比句子大的语法单位，它与句子不属于同一类，语篇与句子之间不是大与小的关系，而是体现关系，即语篇由句子体现，或说句子体现了语篇。

根据语篇的整体性及层次性的特点，现代翻译研究立足于把字、词、句的翻译纳入语篇这一大背景中，克服传统翻译学中以词法、句法为框架，以单个句子为基准的模式。这对旅游翻译研究产生了深远的影响。首先是把旅游翻译研究的视角从句子为中心的模式转移到重视语篇整体的翻译模式，其次是把语篇看作言语交际单位，使旅游翻译理论明显带着交际理论的烙印，从语篇翻译来看，作者、文本、译者、读者是处于同一交际过程的不同环节，必须予以同等的重视。既然旅游翻译是语言交际的一种形式，就要把原文语篇所含信息通过译文传递给译文读者，忽视了以上任何一个环节，在旅游翻译实践上都会给这种特殊的交际造成障碍。

一个好的译者必须要有语篇意识，即从大处（篇章和段落）着眼，小处（词和句）着手的翻译思路。具体在公示语翻译中，译者要从语篇的角度着眼体味公示语翻译的种种原则、策略和技巧。在对公示语翻译问题进行讨论时，力求兼顾语篇的词、词组、句、段落、篇章等各个层次，而不是只讨论句子和词语的翻译。公示语翻译是一种创造性思维活动，译者的使命是在原文作者与译文读者之间架起沟通理解的桥梁。我们把语篇对比运用到公示语翻译中，不但可以帮助我们正确地理解原文，而且还能为选择合适的译文提供依据。

语篇对比层面上的翻译研究无疑会对公示语翻译起到更大的推动作用。公示语翻译涉及的核心问题是两种语言间的转换，语篇翻译模式对公示语翻译的具体操作过程无疑

有着直接的指导作用，也正是语篇翻译的独特功效，使得我们把公示语翻译与语篇对比很好地结合起来。

## （二）语篇翻译的几种形式

### 1. 情景语境与语言选择

研究语篇必须联系其语境，因为在实际生活中，通常都是先有语境，才会有语篇，语境与语篇是互相依存的：特定的语境要求特定的语篇，特定的语篇创造了特定的语境。因此，非正式的语境导致人们使用非正式的语言，而正式的语境则要求人们使用正式的语言。同一情境下语言表达意义对不同的人或团体往往呈现出不同的意义。同样是出去旅游，但不同的社会团体旅游的目的不同。

### 2. 篇章语义连贯与衔接

篇章中的语义接应也是篇章语言学中的一个中心概念，指文章上下文的衔接。如果仅以句子为最大单位，这一概念自然排除在外，而实际上，篇章之所以是篇章，而不是若干句子的无序组合，正是因为有句子与句子之间的适当衔接关系，才使整个篇章浑然一体，为更大的中心思想服务。例如，汉语中很多公示语喜欢用夸张的语言表达，而英语喜欢平铺直叙，语言简洁。如“登山健身浴室”被译为“the healthy bathroom for mountain climbing”。其实，这里所说的“浴室”就是登山者洗浴更衣的场所，完全没有必要提升到“登山健身”的高度，这样直译违反了公示语翻译简洁明了的语篇特点，也不符合西方读者的语言表达，读起来牵强别扭。不妨简单地译为“Shower and Changing”不产生语义冲突，更容易被理解和接受。

## （三）公示语英译中的文化可译度

由于汉英语言结构的特殊性和民族文化的差异性，翻译中可译性限度的存在，是翻译实践中一个不容回避的客观现实。但是这种语际转换中的可译性限度是处于变化中的。随着现代科学技术的飞速发展，信息的广泛传播，各民族之间经济、文化、商业、贸易等交往的日益频繁，尤其是受“全球化”这一趋势的影响，各个国家、民族间的融合进程逐步加快，“地球村”里的人们的认识的共性不断扩大，差异不断缩小，这给不同语言间的转换带来了极大方便，原来许多不可译的东西慢慢就会成为可译的东西。

翻译中语言文化的可译性限度可以分为完全可译性、部分可译性和完全不可译性三种情况，分别由于两种不同语言文化的重合、撞击和渗透程度不同而形成。随着各国之间信息的相互传播，语言、文化的相互交流，不同文化之间的差异也随之缩小，公示语英译中翻译的可译性限度也会逐渐变小。

1. 完全可译性

完全可译性有两种情况，一种是当译语与源语文化中有完全对等的说法或文化意向时可以使用，这应该是翻译中的最佳对应。公示语英译中有很多对等的表达方法，如：film processing（冲印胶卷）；medical service（医疗服务）；dry cleaning（干洗）；tour and sightseeing（旅游观光）；limit one coupon per customer，per visit（每位游客每次限用一张优惠券）等。第二种情况是虽然译语中不存在与源语对应的表达方式，但是源语的文化移植进目的语能被读者完全理解和接受。如“天有不测风云，人有旦夕祸福”被译为“Storms gather without warning in nature，and bad luck befalls men overnight”。“天有不测风云，人有旦夕祸福”是中国的一句俗语。译者采取直译的方法把原句的意思表达了出来，不但保留了中国的文化、对整的句式和俗语的表达方法，也完全能被英语读者所理解和接受。

2. 部分可译性

部分可译性在一些民族文化特有的典故和成语中表现得最为突出，一方面译者需要将源语的文化传达给目的语读者，另一方面还需要把源语文化特有的含义解释给读者。这就需要用直译加注释的方式加以翻译。如 gift shop（便利店）；limousine service（租车服务）；Deep Water！ Beware！（湖区水深，注意安全）；Lost and found（失物招领）；A mountain is not famous because it is high，but because it has some spirit dwelling in it（山不在高，有仙则名）。再如“东施效颦”这一中国读者熟知的成语直译为“Dongshi imitating Xishi，which is not original but rather tiresome”，虽然直译过程中已经对原典故的意义作了解释，但是对于那些对中国的历史知识知之甚少的英语读者来说仍是“雾里看花”。于是唯一的办法就是添加注释（Xishi was a famous beauty in the ancient Kingdom of Yue.Dongshi was an ugly girl who tried to imitate her ways.），把“东施效颦”这一成语的典故意义解释出来。

3. 完全不可译性

在不同的文化中，相同的词语可有不同的文化涵义，这在公示语翻译时给译者带来了一定的难题，如果直译源语的文化可能在目的语读者中引起不同的联想。如 to fish in the air（水中捞月），Let's cross the bridge when we come to it（既来之，则安之），试想如果字面意思翻译成“空中打鱼”和“来到这我们就跨过桥去吧”，那岂不成笑话。再如“龙凤呈祥”也不能译为“Dragon and Phoenix Bringing Prosperity”。因为在中国的民族文化中，龙是一种能兴云降雨的神异动物，是威严的化身，帝王的象征。凤被人们认为是百鸟之王，所以有百鸟朝凤的说法。phoenix 是传说中的将自已烧为灰烬，然后从灰烬中又诞生的一种鸟。因此，在英语中 phoenix 有“再生，复活”的意思。像这样同一个词具有不同的象征意义，在公示语英译中也是一个不好解决的问题。

公示语英译是一门年轻的学科，刚刚开始形成自己的特点，它跟其他年轻的学科一样，需要吸收其他相关学科理论的依托以发展和构建自己的结构。因此，译者应通过篇章结构与翻译关系的分析以及对翻译中的篇章对比的研究，探讨公示语翻译研究的新理念及其语篇对比对公示语翻译研究的启示意义。

## 三、旅游城市公示语英译中的文化缺失

中国是文化大国，也是旅游大国。中国文化要走出去，真正实现国家间、民族间的良性跨文化交流，旅游和文化产品的交流尤其重要。文化交流离不开翻译。然而，旅游翻译的特殊性、多样性与复杂性又成为制约旅游有效宣传传播的瓶颈。语言是文化的贮存库和凝聚体，人类所有的语言都是符号序列，都是交际工具。世界上没有两种语言是完全类似的，不同的社会生活在不同的世界中，语言的异质性就成了不同民族的文化基因。

随着国际间交流的日益加强，旅游公示语英译日趋显得重要。尽管每年前来我国观光旅游的国际友人络绎不绝，然而，旅游城市的国际化语言环境建设并不乐观，其表现之一就是公共场所的公示语英译有失规范。

### （一）公示语的文化特点及翻译标准

公示语是发布于公共场所的指示语、提示语和警示语。公示语对公众的言谈举止行为起到指示提示、警示和限制的作用。无论哪一类公示语，其共性都是寻求中西文化的契合点。

公示语的目的性很强，是一种跨语言、跨社会、跨文化的交际活动。这就要求译者在进行公示语翻译时要进行诸多方面的转换，包括语言转换、思维转换、文化转换、视觉转换、时空转换等，根据奈达的功能翻译理论，判断一个翻译是否可行要看译文是否达到高度的对等，使目的语听众或者读者在理解和欣赏译文时所做出的反应，与原文听众或读者对原文的理解和欣赏所做出的反应基本上一致。

公示语的文体风格是语言简练，词语规范。在翻译公示语时，用词精炼对于译者避免逐字翻译是非常重要的。如：停车场（Parking），请站在黄线内（Please keep inside the yellow warning line）；营业时间（opening hours），免税店（duty-free shop）等。因此，在将汉语公示语英译时，我们应该遵循用词简洁的原则。

公示语翻译是严格依据法律规范进行的信息转换，公示语翻译是精准公共信息传播，是一种静态翻译。海外旅游者长期以来将公示语视为“生命线”。他们在旅游目的地的食住行游娱购的质量，甚至生命安全很大程度上维系于公示语的数量和质量。因

此，公示语翻译必须准确、规范、周到。标准化的公示语为旅游者导引指向，使他们无论是在大都市留学经商，还是在世界著名旅游目的地休闲度假，不会迷失在城市的丛林和人海之中。

中外在公示语使用方面的最大差异就是对公示语翻译的语言的精准性和法律的规范性认识方面。公示语翻译失去其精准性，其法律严肃性将不复存在。失去法律依据，公示语翻译的精准性将大打折扣。

## （二）公示语英译实证研究

海外旅游者要更好地体验中国，感受中国，了解中国，就离不开公示语的导引、解说、提示与保障。公示语向旅游者传送的是静态旅游信息。在中国，为数有限的公示语被翻译成英语，而翻译质量又相当低劣。各地制定的公示语翻译标准主要是超大型国际活动，“标准”与“规范”的涉及面有限，普及率也不高，在没有足量优质公示语翻译先例参照的情况下，民众的积极与热情带来的是更多的，更触目惊心的公示语错译。

### 1. 语言层面

语言错误是由源语与目标语的语言结构差别所引发的。从语言层面上讲，公示语英译存在的问题主要有以下几种：

第一，拼写错误。在公示语英译中这类错误出现的频率还是很高的。其主要原因是译者或者是相关人员工作不够细心引起的，此类错误极大地影响了外国受众对公示语的理解。比如：国家 4A 级旅游区“天华山景区”公示语的英语译文为：Tianhua Senery。很明显 senery 在这里意指 scenery，是拼写错误。

第二，译文误导。最具有误导性的公示语为“长途汽车站”这则公示语，竟然被译为“Inter-city bus station”，而这个译文的含义是“各城市间的班车”，“长途汽车站”正确的译文应该是“Long-Distance Bus Station”。“中国国际人才市场”被译为“Service for International Talents”，很显然，该译文没有考虑到外国友人不同的价值评判标准，英美人更多关注的是 job，而不是 talent，把它译成 Job Market for International Talents 更为妥当；更让人不解的是位于某旅游城市的“万达广场”被译为“Wanda Plaza”，“皇冠假日”被译为“Crown Plaza”，“皇冠假日”是一家五星级酒店，而“万达广场”是新开发的楼盘，“Plaza”被当成了万能词，任意使用。如此的公示语英译不仅会误导游客，破坏了旅游兴致，而且也毁了旅游城市的形象。

第三，信息不全。此类错误的发生是由于译者对汉语信息理解的缺失或粗心造成了英文信息的遗漏。如：“中国人寿”被译为“China Life”；“中国供销合作社”被译为“China Corp.”。此类译文没有充分表达汉语的意思，在信息的输出上不够全面准确。若分别被译为“China Life Insurance”和“China Trading Cooperative”，国际友人就不会为此费解了。

第四，标准不一。同一个汉语公示语却出现了多个缺乏统一标准的英语译文。比如：国家级风景名胜区“凤凰山”就有多种英语译文：“Fenghuang Mountain”,“Fenghuangshan”和“Phoenix Mountain”。

2. 文化层面

翻译中最严重的错误不是语言应用不准确所造成的错误，而是错误的文化设想。汉语与英语的差异是不同语境文化的差异。汉语重意合，形散神合；英语重形和，形神兼济。由于中国和西方国家有着不一样的文化背景，在公示语英译过程中译者应考虑信息受众的文化习惯。从文化层面上看，部分公示语的错译产生了不良影响。其错误类型主要有：

第一，生造乱译。这类错误的主要原因是译者的跨文化意识不够，对词语的文化内涵不够了解而想当然地进行翻译。如：商场里的“小心碰头”（Mind your head）被翻译成 Take care of your head（请照顾好你的头）；“个体劳动者协会”被译为“Private-owned Business Association”，而正确的译文应为“Association of Self-Employed Laborers。更让人不可思议的是“中国农业银行”竟然被英译为“ABC”，而 ABC 的真正含义是：“美国广播公司”或是“美国出生的华人”，如此译文真是令人哭笑不得。

第二，社交语误。此类译文的错误频率比较高。比如，在很多公共场所都可以见到的“禁止吸烟”“请勿践踏草坪”。这些公示语意为警告，但是我们看到的英语译文竟然是“Smoking prohibited”和“Don't step on the grass”。此译文语气生硬，近似命令，其警告的语用意义没有充分表达出来，若译为“Danger for Smoking”和“Please keep off the grass”效果更好。因为英美人个性张扬，不喜欢被约束和管制。而中文公示语大多语气强硬，较少考虑受众的感受。

第三，中式英语。在公示语翻译中，此类错误可以说是带有普遍性的。如辽宁的“丹东浪头机场”被译为“DDG”；“让丹东走向世界”被译为“Let Dandong go to the world”；餐馆里的“涮出美味，涮出健康”被译为“Rinse Out Healthy and Delicious”。另外，酒店里的“一次性用品”(disposable articles) 被译为“One Time Thing”；还有像“注意安全”被译为“Notice safety”；“旅客止步”被译为“Passengers stop”等。上述这些典型的中式英语看得西方游客是一头雾水，不知所云。

通过以上公示语英译的错误分析可以看出，作为旅游城市的语言环境和人文环境的重要组成部分，公示语的错译乱译不仅造成旅游城市语言环境混乱不堪，难以向国际市场推销自己的旅游产品，而且还会阻碍中国文化的传播，从而影响我国的国际地位和声望。由此可见，要想避免公示语英译中的语用失误现象，译者在翻译公示语时必须要充分透彻地理解公示语中所蕴含的语言特点和文化信息。

### （三）公示语英译的改进建议和方法

国内城市随处可见的公示语错译只是旅游城市语言环境杂乱的一个缩影。各个旅游景点的公示语英译错误百出，杂乱无章，缺乏统一规范。这种现象应引起全社会的广泛关注，从而全面改进城市中语言环境混乱的情形，打造良好的旅游城市形象。

首先需要明确的是，公示语翻译不仅涉及旅游和外语知识，还融合了传播学，营销学，社会文化等多个学科的理论，知识和方法。这就需要译者接受跨文化、跨学科的培训，以便进行多学科知识的拼接和整合，成为跨文化交际和旅游营销传播方面的专家。

针对公示语的英译方法，诸多翻译家持有各自不同的观点。丁衡祁主张采取A—B—C模式（the“Adapt-Borrow-Create”approach，即“模仿—借用—创新”的模式）；牛新生在探讨翻译方法时主张采用借译、仿译和创译方法。这两种翻译方法从普遍意义上讲对公示语翻译都是很有益的。由于翻译的困难在于文化的抗译性，译者要突破文化的阻隔，更重要的是采取变通手段（或者说是变异和改写），以便使一国文化在另一国易于传播和接收。通过变异可以解决语用冲突，补充文化缺省，提高译文集约化程度，进而满足海外旅游者求知、求美、求新的文化和心理需求。由于中文公示语的服务对象是中文读者，信息需求的度、量、性都与海外旅游者有明显差别。来自不同国家的旅游者又因其文化背景与中国文化的差异有所不同，因此，公示语的英译需要通过改写去粗取精，删繁就简。此外，公示语英译的改写或译写不能拘泥于词汇、短语、句子、段落、篇章，而应针对旅游消费的实际需求，需要针对性，形象性和时尚性兼顾的新的诠释。总之，译者在翻译城市公示语时要充分考虑公示语的文化特点和翻译标准，熟悉公示语在汉英语言中的使用特征和社会文化规范，以语义的明确性和表达的规范性为前提，进行有效的文化视野下的公示语翻译。

## 四、旅游交通标识语的翻译

作为我国主要的支柱产业之一，旅游业覆盖社会生活面广，行业界面模糊，它是一门多学科交叉的边缘学科，综合性、应用性、职业性都很强。旅游业与交通运输密切相关。随着我国旅游事业的蓬勃发展，越来越多的外国人来到中国观光旅游，他们来中国的主要目的之一，就是游览我国著名的风景名胜古迹，了解各地的风土人情。因此，对涉外旅游的从业人员来说，文化旅游翻译就显得十分重要。针对旅游交通标识语英译，其目的是要告诉客人“此为何地”及“此乃何物”，此外，还需要向游客介绍清楚相关旅游线路以及各个景点的名称。

### （一）地名翻译

在中国，许多景点被赋予魅力的名字，隐藏着许多动人的故事。为了让西方人了解东方文化，译者常用比较长的英文术语给景点取名，以便西方人了解中国文化。例如：

三潭印月 Three Pools Mirroring the Moon

断桥残雪 Remnant Snow on the Broken Bridge

平湖秋月 Calm Lake Reflecting the Autumn Moon

雷峰夕照 Evening View of Lei Feng Pagoda

我国行政区划的名称应主要根据汉语拼音法，因为汉语拼音方案不仅是我国的法定注音方案，同时也是经国际标准化组织（ISO）规定作为拼写有关中国的专有名称和译词的国际标准。但汉语中同音字较多，特别是忽略了四声以后，同音的现象更易出现，译者在英译时就需要用一些变通的办法。如：北京的“新华门”（Xinhua Gate）与中南海(Zhongnanhai)，可以用英国的“唐宁街10号”(No.10 Dawning Street)和美国的“白宫”（White House）来相提并论，这样既增加了跨文化的乐趣，使对话风趣，又使海外游客容易理解。

中国地名常见简称 / 别称 / 换称 / 雅称。中国各地除了有正式的行政划分，还有历史上形成的，民族的或是习惯上的地域称呼与说法。只要弄清其范围和内涵，翻译就不难了。如“两胡”（Hunan and Hubei provinces）；“两广”（Guangdong and Guangxi Region）。中国习惯成自然的、沿袭下来的地区区域的名称及相关说法就有：华东 East China；华北平原 North China Plain；关外 area beyond the Great Wall：关东（Northeast China）beyond the Great Wall；关中 In and around Shaanxi；塞北 remote Northwest China；西北边陲 China's western frontier。

中国古代有很多不同的地域观念，翻译时要注意。如古代把新疆、西亚与中亚统称为“西域”（ancient western region），把河南省叫做“中州大地”（In and around Henan Province），把它周围地区称为“中原”（Central China）等。而西南地区的“巴蜀”Ba-Shu area（Ancient Sichuan Area）意为“巴山蜀水”，常借来指四川地界，暗含蜀道难，为巴山蜀水所阻。类似的还有很多，如“八百里秦川”（Eight-Hundred-Li Loess Land in Shaanxi),“河西走廊”(Hexi Corridor),“吴越”（present Jiangsu and Zhejiang region),“燕北”(Northern Hebei),“宁夏(黄河)河套(Hetao Twists of the Yellow River),“天府之国”（Chengdu Plain as a land of plenty),“珠江三角洲”（the Pearl River Delta),“熙熙攘攘的广州”（the hustle and bustle of Guangzhou)。

我国是一个幅员辽阔的多民族国家，少数民族地区的地名通常也采取音译。此时的源语并非汉语，而是当地的少数民族语言，我们在地图上所见的这些地方的名称，其实也是音译的译名。这也从一个侧面反映了我国的民族团结。属于这一类的译名有：Lhasa（拉萨)、Hohhot（呼和浩特)、Urumqi（乌鲁木齐)。

### （二）交通指南翻译

凡是旅游业发达的地方都有一个共同的特点，这就是向游客提供详尽的游览交通信息，不仅介绍当地的交通工具和交通线路，而且向游客们介绍在保证游览尽兴的同时节约时间和金钱的方法。除此之外，提醒游客有关当地的交通规则，注意事项等，也是十分必要的。如地铁站的交通标识语：

乘客须知

周日至周五凌晨 12 点半以后隧道检修，这段时间地铁暂停运行。

周六地铁正常运行。

Customer Notice

No trains after 00：30 a.m.Sunday to Friday during tunnel maintenance.

Regular subway service on Saturdays.

再看下面这则伦敦交通指南：

Public Transport in London

Like every city，London has plenty of public transport，easy to find，easy to understand—a simple matter to get from place to place.You have several choices—the Underground and London Buses operate a 24-hour telephone service for travel information

The Underground

The quickest and easiest way to get around central London is by the Underground（often called the“tube”）.In this book we give the nearest Underground stations after each entry，and you'll find a map on the back cover of this guide.Trains run every few minutes between 05：30 and 24：00（7：30 to 23：30 on Sundays）.Tickets may be bought either from the station ticket office or from one of the automatic machines.Most machines list destinations and the cost of the journey.They take 5p，lOp，20p，5Op and 1 pound coins.At present London Underground operates a zone system，whereby a standard fare is charged for all routes within a zone.You pay more for each zone you cross.Keep your ticket safe as you will need to hand it in at your final destination.Most stations now have automatic barriers.Simply insert your ticket to open the gate.Remember to take your ticket if the machine gives it back to you for onward travel.

Smoking is prohibited in all Underground trains and stations.

By Bus

Journeys around London by double-decker bus offer the added bonus of sightseeing from the top deck，as many routes pass by London's most famous sights.There are two types of bus stop the compulsory stop（which has a white background）and the request stop（red background）.The bus will stop without being hailed at the compulsory stop，unless it is full.At the request stop you must put your arm out to signal the bus to stop.Route numbers are listed on signs at bus stops and the time tables framed at bus stops list the places served. Buses run at frequent intervals from early in the morning to around 24：00 and there are night services on several routes.

There is a fare zone system similar to that of the Underground.On single deck Red

Arrow buses with coin-in-the-slot entry gates，you must have the correct fare before boarding.Smoking on buses is only allowed at the back of the top deck of double-decker buses，and not at all on single-decker.

伦敦市内公共交通

就像其他大城市一样，伦敦公共交通发达，找寻方便，了解也方便，是游览的简便交通工具。您有各种选择——地铁和伦敦公交为游客提供24小时电话服务。

地铁

市中心最快最方便的交通工具是地铁，在本指南中有各个地铁站的地点，本指南的背面有地铁线路。地铁车辆运行时间为05：30至24：00（星期日为07：30至23：30），每隔数分钟一趟。购票请到地铁站票房或自动售票机。大部分售票机上均标明行程地点和价格。它们适用5便士、10便士、20便士、50便士和1镑硬币。目前伦敦地铁实行分区制度：同区内收费相同，跨区即增加收费。妥善保存车票，以便到达终点后交回。大部分地铁站设有进出栏杆。只要将车票插入便可打开栏杆。如您要继续行程则请记住取回车票。

地铁车辆和地铁站均禁止吸烟。

公交汽车

乘坐双层公交汽车，可以增加在上层游览伦敦的好处，因为许多公交线路通过本市最著名的景点。公交汽车站有两种必停站(白色标记)和招呼站(红色标记)。在必停站，除非客满，公共汽车一定会停靠；在招呼站，则要乘客需扬手才停车。车站有线路牌号及行驶时间表。

公交车辆按一定时间间隔行驶，从清晨一直服务到大致午夜，而且若干线路还有通宵车服务。公交车收费方式与地铁相似，也分区计算。单层红箭公交车采用无人售票，因此您在上车前需准备好买车票的零钱。只有双层车的上层后部才允许吸烟，单层车是绝对不准吸烟的。

上面这个交通指南向游客介绍了伦敦的地铁和公交汽车信息，有助于游客了解伦敦市区的交通情况。旅游交通指南属于对外宣传范畴，其目的是吸引更多的海外游客，因此在翻译上需注重它的可读性和信息接收的最大社会效应。这就要求译文主题突出，特点鲜明，图文并茂，通过具体化的语言描述，给游客提供感性认识，以唤起其潜在的旅游兴趣。看下面几个例子：

例1：市中心最快最方便的交通工具是地铁，在本指南中有各个地铁站的地点，本指南的背面有地铁线路图。地铁车辆运行时间为05：30至24：00（星期日为07：30至23：30），每隔数分钟一趟。购票请到地铁站票房或自动售票机。

译文：The quickest and easiest way to get around central London is by the Underground（often called the“tube”）.In this book we give the nearest Underground stations after each entry，and you'll find a map on the back cover of this guide.Trains run every few minutes between 05：30 and 24：00（7：30 to 23：30 on Sundays）.Tickets may be bought either from the station ticket office or from one of the automatic machines.

例 2：公交车辆按一定时间间隔行驶，从清晨一直服务到大致午夜，而且若干线路还有通宵车服务。

译文：Buses run at frequent intervals from early in the morning to around 24：00 and there are night services on several routes.

例 3：在北京，只许在付费停车场和计时停车场停车。

译文：Street parking in Beijing is allowed only at paying car parks and meters.

例 4：如果您想要游玩上海周边地区，或更远的地方，建议您租辆车。您可以向您所在地的旅行社索取一份《租车事项》。

译文：If you want to explore outer Shanghai and venture further afield，hire a car.You may go and ask your local Travel Agency a copy of Vehicle Hire.

例 5：广州各交通旅游信息中心出售各种“旅行卡”。

译 文：A selection of“Travelcards”can be obtained from any Guangzhou Transport Travel Information Centre.

## （三）交通标识翻译

交通标识向游客呈现的是提示性信息，信息传达度比较强。交通标识属于实用性文体，因受时间和空间的限制，不便于详读，因此，交通标识翻译通常以简单明了为主。要想真正达到对外交流和宣传的目的，译者在进行交通标识翻译时就要充分考虑跨文化因素和翻译的不对等性，通过惟妙惟肖的方式，可以最大限度地向读者传递信息，让读者一目了然。如提醒人们注意交通安全的标识语：It's okay to cross the street to avoid talk.（横过马路不要说话。）由于海外游客的文化差异，不同的接受心理和特殊的信息需求，在进行交通标识英译时，译者不能完全按中文文字对译，需要对汉语原文给予必要的动态调节，力求语言简洁且以传递主要信息为原则。

保持车距——Keep your distance

追尾危险——Don't follow too closely

事故多发地——Accident area

前方弯道——Bend ahead

不要试图穿越车行道——Do not attempt to cross the carriageway

险了需要超车，应始终在左车道行驶——Always stay in the left-hand lane except when overtaking other vehicles.

如您遇见事故，应首先向驶近车辆发出警告——If you are first on the scene of an accident your priorities must be：Warn incoming traffic.

长途驾驶会是您感到困乏。应确保车内空气新鲜。定时休息并伸伸腿脚——Long distance driving can make you feel drowsy.Make sure there is plenty of fresh air in your vehicle.Take regular breaks and stretch your legs.

总之，在进行交通标识翻译时，需注意汉英标识的功能意义和语言特点，运用正确的翻译方法认真分析言语信息，重新整合，译出通顺正确的译文。针对旅游交通标识的翻译，译者一定要考虑译文语言的属性、特征、功能与价值度，此外，还要兼顾语言的概括简洁性和主题信息的突出性。

# 第二节 旅游广告翻译

## 一、源语文化语境对旅游广告翻译的影响

旅游广告翻译是一个新兴的研究领域，随着中国经济的飞速发展及旅游产业国际化进程的加快，旅游广告的翻译质量越来越受到人们的关注。在当今文化全球化的语境中，肩负起文化交流与传播双重任务的翻译人员，不仅要向国民介绍外域的语言文化，丰富本土文化与传统，而且要把本民族的文化推介给世界，弘扬本土文化与民族传统。因而，在翻译介绍过程中自然以源语的语言文化为主线，介绍其丰富多彩的内涵与特色，这也是对源语文化的尊重。反之，则改变了本土文化和内容。如果一味地去迎合海外主流文化，不尊重客观事实，甚至把强势文化的价值观强加于人，扭曲源语文化，制造偏见，那便是对人类社会多样性的不尊重，客观上阻碍了文化交流的正常进行。值得注意的是，在旅游广告的翻译过程中，源语的文化语境极大地影响着旅游广告的翻译。中华民族历史悠久，有着深厚的文化渊源。在汉英旅游广告的翻译过程中如何使源语文化与目标语文化融为一体，有效地促进东西方文化交流，是译者亟须考虑的问题。

文化跟人一样，特点有外在的和内在的两种。外在的是它的样子，即形态；内在的是它的品性，即精神。中国文化的外在特点有四方面：一是它的统一性。中国文化在其历史发展的长河中，逐渐形成了一个以华夏文化为中心，同时汇集了国内各民族文化的统一体，这一特征是世界任何民族的文化中都难以找到的。二是它的连续性。中国文化在历史发展中没有中断过，它是一环扣一环地连续发展的。三是它的包容性。中国文化能够兼收并蓄，诸子百家在争鸣中能够取长补短，相互融汇，尤其能够有扬有弃地吸收外来文化。四是它的多样性。中国地域辽阔，民族众多，所以内部的区域文化和民族文化又呈现出丰富多彩的差异。

中国文化的内在特点体现在三方面：一是中国文化突出人文主义精神。二是中国文化注重和谐与中庸。三是中国文化富于安土乐天的情趣。

事实上，在我们的日常生活中，即使是说同一种语言的文化中—就像澳大利亚和美国——也会有语言词汇差别。当文化中呈现不同的语言时，翻译显得尤为重要，但却不尽完美。源语文化语境中有五个因素影响着旅游广告的翻译，导致跨文化交流的障碍。

### （一）词汇不对等

不同的语言常常缺乏可以直接翻译的词语，源语中的指称对象在译语文化中不存在，不常见，不被注意，或者与译语文化中的可比对象明显不同。如旅游广告 Protect your valuables（保护好您的贵重物品）；Fragrant green tea ice cream.Selection of Italian cheese（香茶冰激凌，选自意大利奶酪精品）；A complete bar（酒类品种齐全）；Give a gift of“fun”.Vouchers are available for single day admission，and for an Annual Pass——ask for details at Guest Relations（现备有一次使用及全年通用两款入场礼券可供选择，馈赠至爱亲朋，更特别，更开心，详情请到游客服务部查询）；等等。

### （二）习惯用语不对等

翻译理解中最大的危险在于源语和译语里有一些貌合神离的“假朋友”，它们的指称意义相同，但语用意义完全不同，甚至正好相反。英语语言有着丰富的习惯用语。举一个简单的例子“Be careful not to be cat's paws”，说本族语的人知道这个广告语意为“谨防上当”。但如果逐字翻译这个句子，那么字面上的意思就是“小心不要碰到猫爪子”。这与它的原意大相径庭。类似的例子有很多，像“Hotel Regulations”（旅客须知），“red tape”（官僚作风），“There is no down.”（平安无事）可能会造成很大的沟通问题。掌握一种语言中的习惯用语是掌握该语言文化的有效方法，因为习语反映出一个民族的文化特征和不同民族的文化心态。

### （三）语法结构不对应

不同语言有着不同的语法结构。例如，在英语中，词语会根据在句子中的位置不同而作名词、动词或形容词。在英语中你可以说“play a violin”（拉小提琴）和“play basketball”（打篮球）或者“enjoy a play”（欣赏一个剧）和“play a game”（做游戏）或者“lift a thumb”（抬起大拇指）和“thumb a lift”（竖起拇指要求搭车）。汉语词类活用，特别是名词、动词、形容词的活用是比较突出的。例如，威士忌咖啡厅是喜欢高档雅座酒吧氛围的游客的真正热门地方，适合 25 ～ 35 位团队客人（Whisky Cafe is a real hot spot for the 25-55 crowd who likes the upscale-lounge atmosphere）。这个句子的汉英语言结构是完全不一样的。再如，扬州是一座美丽的旅游城市，来扬州旅游的游客都喜欢住在西园饭店，因为它是为旅游者提供舒适休息和品尝扬州名菜细点的好地方。Yangzhou is a beautiful city for tourism，and the tourists who come to visit Yangzhou like to stay at the West Garden Hotel，for its restaurants will provide the visitors with comfortable accommodations and delicious Yangzhou cuisine. 这个句子由三句话组成，最后一句话的汉英结构不对应很明显。此外，根据汉语的语言结构特点，在这个句子里，第一句的“旅游”是形容词，第二句里的“旅游”是动词。用作形容词的“旅游”被译成 tourism（英语里是名词词性），用作动词的“旅游”被译为“visit”（英语里也是动词词性）。

## （四）经验不对等

如果一种事物或经历在你的文化中不存在，那就很难将该事物或该经历翻译到你的语言之中，因为没有对等的词语。辩证唯物主义认为，语言常常是客观世界的反映，是一种社会现象。人们生活劳动在一种什么样的环境里，就会产生出什么样的语言。如下面这则旅游广告：After a flight or busy day，phone 765-3435 for a delightful Swedish massage in the comfort of your hotel suite.A truly special massage，using aromatic oils for the relief of stress，tension and fatigue.（刚下飞机或者一天劳累以后，请您拨打电话765-3435，我们会在您旅馆套房的舒适气氛中使您享受一次愉快的瑞典式按摩。这是真正特别的按摩，使用芳香油按摩会使您解除压力、紧张和疲劳）。

在这则广告中，“芳香油按摩”这种纯属中国文化的词语被译成 special massage，using aromatic oils，看上去外国游客能读懂，但实际上是经验不对等的。

再者，如果某一事物在人们所生活的客观环境里不存在，那么语言中就可能出现空缺。比如汉语中有“盘古开天辟地”之说，其中“盘古”为中国传说中人物，而英国人则无此传说，不存在与英语语言之中。对于中国人来说，古希腊、古罗马的许多神话人物也很难理解。

## （五）概念不对应

概念的对应问题是指以不同的方式存在于不同的语言当中的概念。例如，“人权”一词在不同的国家有着不同的涵义。在美国“人权”意味着言论自由，公平审判权等。在其他国家“人权”意味着良好的住房条件和完善的保健服务。在汉语中，“个人主义”指“一切从个人出发，把个人利益放在集体利益之上，只顾自己，不顾别人”的错误思想。在英语中，《简明牛津英语词典》对“individualism”的其中一个释义是“赞成个人自由行动的社会理论，个体主义”。

再看一则旅游广告：“我们的连锁店供应各种商品，包括报纸、杂志、甜食及其他食品，还有礼品和饰物，提供免费包装”（All our shops stock a wide range of goods from newspapers，magazines，confectionery and foodstuffs through to gifts and novelties that will be gift wrapped free of charge.）。在这里，“连锁店”被译为“all our shops”，“供应”被译为“stock”，“还有”被译为“through to”，上述旅游广告语中的几个概念汉英截然不同。

在旅游广告英语的实际翻译过程中，要真正做到译文和原文最大限度的等值．译者绝不能在任何时候都只使用某一两种翻译手段，或者一成不变地用某一种手段去解决某一问题，必须从具体的上下文出发，选择最适合的手段来传达原文的意义。好的译文应在忠于原文作者和终于读者之间找到最佳的平衡点。总之，旅游广告英语的翻译是一项细致入微的工作，我们要做好旅游广告英语的翻译，必须在了解广告英语特点的基础上，熟悉英语国家的语言文化和尊重中西方文化的差异，掌握英语蕴含的文化气息，还要学习一些优秀的营销策略。在旅游广告的翻译实践中，既要遵循翻译中的信达雅原则，尽可能地忠实于原文信息，又要科学灵活地运用一些翻译策略，注重内容和形式上的适度创新，体现出意境美和强烈的时代气息，让目标受众产生积极愉快的直观感受，使译后的旅游广告产生良好的宣传效果，从而促使中国文化走向世界。

## 二、语用功效下旅游广告的跨文化翻译

语用学是研究语言应用及语言交流的学问，研究在不同环境中话语意义的恰当表达和准确理解，寻找并确立使意义得以恰当表达和标准理解的基本原则和标准。语用分析包括四个因素：发话者、受话者、言语内容、语境。语用分析理论探讨各种语言形式的语用功能，即从语用上对语言形式进行分析，解决语言形式的语用含义和语用差异，同时，结合语境研究人们如何做到恰当地使用语言，准确地表达用意。

翻译不仅是语际间的转换，更是一种跨文化的信息传播和交际活动。为了缩小译文与源语之间的差异，使译文达到语用等效，译者首先需要了解旅游广告的功能与特点，在正确把握源语旅游广告信息的基础上，对源语信息进行筛选分类与选择重组，使译文得以符合目的语文化的语言规范，做到语用功效下的旅游广告跨文化翻译。

### （一）旅游广告的功能与特点

#### 1. 旅游广告的功能

在现代社会，广告已经成为人们生活中的一部分，而且极大地影响着人们生活的各方面。根据美国广告协会给广告下的定义，广告的最终目的是传递情报，改变人们对于广告商品的态度，并诱发其行动产生购买行为而使广告主受益。由此我们可以分析出旅游广告的几种基本功能：

（1）信息功能

旅游广告是旅游企业向游客传递旅游信息的主要渠道，通过旅游广告，旅游企业能把旅游产品与服务的特征、功能与用途以最快的速度，最广泛地传递给旅游者，沟通供需双方的联系。如，Every guest has the obligation to abide by the rules and regulations of the hotel，cooperate with the personnel in carrying out their duties and take good care of the property in the hotel.（旅客必须遵守宾馆饭店的规章制度，服从工作人员的管理，爱护宾馆饭店的公共财物。）

（2）美感功能和表情功能

旅游广告要对所介绍的产品与服务进行美化，图文并茂，并做出有力的宣传，从而吸引游客。比如一家餐厅的情人节广告，在一张被烛光映照着的餐桌上，我们可以看到玫瑰花、蛋糕、甜品和红酒，几个鲜艳的英文艺术字在一侧衬托着“Warm Candle Lit Dinner”（温馨的烛光晚餐）。看到这则广告，游客一定会被深深吸引着，不由得驻足前往。下面这两则旅游广告是关于环境保护的图文宣传广告。语言简洁，生动形象，寓意深刻：

例 1：（公交车的座椅上放着橘子皮）：I'm not where I should be.I don't belong here. Give your garbage a home.

例 2：（空塑料瓶被扔在地上）：Put recycling where it belongs，in recycling，not in the garbage.

（3）呼唤功能

作为一种商业价值很高的实用文本，旅游广告的价值主要体现在呼唤功能上，即使广告受众做出广告主预期的反应，并促进消费。如：Make travel arrangements now through the CTA Website！（立即通过中国旅行社网站安排旅游吧！）

2. 旅游广告的特点

德国功能派翻译理论家威密尔指出，翻译方法和策略必须由译文预期的目的和功能来决定。也就是说，汉语旅游广告英译应以“功能相似”为准则，使译文在译文受众处取得良好的宣传效果，从而达到推销产品与服务和促进消费的目的。旅游广告在语言特色上必须有鲜明特点，才能实现说服性的行为，从而吸引旅游者产生消费的冲动和行为。因此，旅游广告应具备以下特点。

（1）文字简洁清新，生动易懂

简洁的广告用语既能表达产品与服务最显著的特征，又可以让人一目了然，过目不忘，以便达到快捷的宣传效果。例如，American Tickets/Radler Travel Company are located in the main lobbies of New York's finer hotels.Americans Tickets provides tickets to all Broadway shows，sporting events，opera，ballet and concerts.Radler Travel Company offers complete sightseeing tours，airline and rail tickets，limousines and airport transfers to Niagara，Washington，D.C.，Atlantic City. 亚美利加票务公司 / 拉德勒旅游公司位于纽约各星级旅馆的大堂内。亚美利加票务公司提供所有百老汇表演、运动比赛、歌剧、芭蕾和音乐会的票。拉德勒旅游公司提供一切观光路线、飞机票和火车票。豪华轿车和机场转送至尼亚加拉瀑布、华盛顿及大西洋城。

（2）常用口语和俚语

在很多旅游广告中，广告设计者采用口语和俚语，使旅游广告显得短小精悍，生动活泼，易于理解，从而给人留下深刻的印象。如，Best value（超值享受）；subject to availability（数量有限，售完为止）。再看下面这则广告，fast，courteous，meet by accident，part as friends 等词语的使用使广告语更加口语化。

Yes offers 24-hour emergency towing，that's fast and courteous.Any time of day—even holidays.We “meet clients by accident and part as friends”，业司提供 24 小时紧急拖车快速服务。在任何时候甚至在节假日，我们都会“与客户因偶发事故见面，并与客户作为朋友分手”。

（3）大量使用实词，增强修饰效果

实词包括名词、动词、形容词、副词等，实词具有极强的修饰功能和评价功能，能使语言形象生动，富有感染力。例如，Guest Relations offices are located at both Park entrances for assistance and information.Car parking is available for over 400 cars.We offer first aid service，free wheelchair service for the disabled，as well as souvenir photos，Fuji film and public phones.Free shuttle service is also provided.It's between the main entrance and Tai Shue Wan Entrance when cable car is suspended due to bad weather.Restaurants and food kiosks are both open for an extensive range of Chinese cuisine.And a selection of fine western food is available at the Headland Restaurant.Food kiosks provide guests with convenient fast food and snacks.游客服务部设于公园的两个入口，提供协助及查询服务。停车位超过四百个。救护站提供急救服务。为伤残人士提供免费轮椅服务，纪念照相服务，富士胶卷，公共电话。遇恶劣天气，登山缆车暂停开行。免费穿梭巴士服务将来往正门人口及大树湾人口。酒楼及食店为游客提供中式丰富佳肴。山顶餐厅则备有各款西式美食。设于园内的各小食店提供方便快餐。

## （二）旅游广告的跨文化翻译

### 1. 注重情景和心理描述

旅游广告翻译需要使用情景和心理描述，将游客置于模拟真实情况的虚拟情景中，给游客以感官上的冲击，使游客设身处地地感受到迫切需要使用某种服务或产品。如：

您经常处于这种境地。深夜了，您想外出喝一杯，或者想看一场表演；或者您坐夜航班机刚到这里，除了吃顿好饭，您很想再放松一下，但是没地方可去，因为饭店都关门了。此刻有个去处：33 000 平方英尺的美食，美酒天堂……（It happens too often.You go out for a late-night drink，a show，or you've arrived to town on a late flight.There's nothing you want more than a nice dinner but there's no place to go because the better restaurants are closed.Now there's a solution：all 33，000 square feet of this gourmets'paradise are open.）

旅客登记入住时，须凭足以证明本人身份的有效证件，并说明住宿原因。（Guests are requested to show their own valid papers to prove their identities and to tell the reason for lodging when they check in at the hotel.）

2. 文风友善，语言易懂，突出服务特色

随着现代社会的发展，为游客提供的各种服务也因人们的需要而兴旺发达。旅游服务广告中除了介绍服务项目外，一般还要突出所提供服务的特色，即为游客提供的方便之处。如：

随叫随到（same-day service）

任何时候，甚至节假日，我们都接待客户。（anytime of the day—even holidays—we meet clients.）

日夜上门服务（24-hour door-to-door service）

面部护理（facial treatment）

服务广告以换位思考的方式，采用易懂、友善的文风，突出客人受益处，大大提高了说服力。如：

管理中心临近地铁口，使您能方便，迅速与金融、行政部门取得联系。（Adjoining the Mass Transit Rail（MTR）station，the Executive Centre is conveniently located for easy and quick access to the financial and administrative facilities.）

忙碌了一天吗？感到有时差反应吗？打电话请按摩师放松一下吧！（Had a busy day？ Feeling jet lagged？ Phone for delighted massage.）

纯净的自然美景会立刻化解旅途的疲劳。（The sight of unspoilt natural beauty will immediately soothe a way any travel sores.）

3. 创造性翻译

由于汉英语言习惯的不同，在旅游广告的翻译中，经常会遇到比较难理解的句子。译者在翻译过程中尽量忠实于原作的同时，又具有极大的自主性。也就是说，既要正确理解原文，把握原文的信息，又要摆脱原文形式的束缚，根据原文进行拆句，正确分析句子结构。请看香港海洋公园的一则旅游广告：游客只要申请全年入场证，即可凭证一年内无限次畅游海洋公园，平均每日亦不需 1 元港币。（To enjoy the fun of Ocean Park all year round，you can buy an Ocean Park Annual Pass.This gives you entry 365 days for less than HK$1 per day.）在这个译文中，译者通过增词与词语转换，灵活地运用“创造性”的翻译策略，恰到好处地传达了源语的广告信息。

任何一种民族文化都是在与其他民族文化交流、融汇中发展壮大的，也就是说，文化的发展需要多元因子的相互碰撞和借鉴，需要借助他者文化的积极成分，以培植文化发展的新的基因。翻译并不是两种文字符号形式的对等或符号数量的转移，源语文本与译文文本之间复制的可能性是基于人的认知的相似性，语言的体验性。由于中西方文化的差异，要求译者在进行旅游广告翻译时，使译文旅游广告符合目的语广告的文体特点，才能最大程度上得到英语受众的喜爱并被其接受，最终从语用功效上达到宣传旅游和增强文化交流的目的。

旅游广告翻译的实践与研究检验译者是否具有与原作者相匹配的才识，双方的才识契合度越高，译文越有可能成功，否则，在旅游广告翻译时会不得要领，错失内涵。也就是说，译者的语言水平，文化底蕴和学识都极大地影响着旅游广告的翻译质量。

## 三、汉英旅游广告对比

当今社会，中国的旅游广告宣传不再只是单纯地面向本国消费者，更多的是趋于国际化，因而旅游广告翻译显得日益重要，其翻译的好坏对旅游宣传起着至关重要的作用。旅游广告翻译不仅要考虑到两种语言之间的差异，还必须从文化背景的整体差异上考虑。

### （一）汉英旅游广告在语言层面上的差异

作为一种特殊的信息传播形式，旅游广告最大的特征就是简洁明快，通俗易懂，精炼便于记忆且朗朗上口。只有这样才能让游客过目不忘，留下深刻印象。请看一则航空公司的广告。

航空公司广告——上海航空公司

上海航空公司是中国第一家自主经营国内干线客货运输的地方航空公司。公司目前拥有……架先进的波音757-200型飞机和一支经验丰富、技术精湛的飞行、机务、服务人员队伍。公司坚持“安全第一、旅客至上、优质服务、良好信誉”的服务宗旨，创立了安全准点、微笑服务、礼貌待客、额外服务、方便旅客等服务特色。公司的优质服务在社会上享有盛誉。

公司目前开辟上海至北京、广州、桂林、西安、福州，厦门、汕头、昆明，杭州至北京、广州，南京至北京、广州的来回租航班，还承办包机业务。上海航空公司成立以来，得到了社会各界的关怀与支持，公司将不负众望，努力争创国际先进水平，热诚地为国内外旅客服务，继续扩大与外界的联系和交往，为我国的民航事业做出贡献。

Airlines Advertisement—Shanghai Airlines

Shanghai Airlines is the first regional carrier operating domestic trunk routes for passengers and freight transport in China.Shanghai Airlines has currently in service an advanced fleet of...B757-200 airplanes.It also has a staff of very skilled flight and maintenance crew and servicing personnel with many years'experience.The guideline followed by the Airlines is “Safety First，Passenger Consideration。Excellent Service and

Good Prestige".Safety and on-time reliability，service with a smile and courtesy，extra service for the convenience of passengers，these unique features make.Shanghai Airlines a prestige company.

Shanghai Airlines has regular flights between Shanghai and Beijing，Guangzhou，Guilin，Xi'an，Fuzhou，Xiamen，Shantou and Kunming，between Hangzhou and Beijing，Guangzhou，between Nanjing and Beijing，Guangzhou.Charter routes are also operated.Since its establishment，Shanghai Airlines has received support from the general public.To come up to the public expectation，we will continue to further develop a friendly relationship with other business groups and organizations，and to provide our quality service，aiming at high international standards，in order to make our own contribution to the civil aviation industry.

通过这则广告的汉英对比可以看出，在语言使用上，汉英的词语选择、语序及句子结构皆有所不同。从语言学的角度来看，旅游广告语言的特点首先是用词以及句型简单；其次是语法简单；再者就是大量使用修辞手法。比如夸张、拟人、重复、双关等等。然而，汉英旅游广告之间在语言上还是存在一定的差异的。综观东西方的旅游广告，不难发现汉语旅游广告多用抽象类词语，而英语旅游广告多用具体类词语。如对比"千古佳酿，万代留香，中华酒宗，汝阳杜康（杜康酒）"以及"Enjoy Coca-Cola（可口可乐）"这两句广告语中，杜康酒用了"千古""万代"等抽象形容词来形容该酒的质量之好；而Coca-Cola只用了一个简单的"Enjoy"来描述。因此，在旅游广告翻译时要注意两种语言不同的语用习惯。

## （二）汉英旅游广告在社会文化层面上的差异

汉英两种语言所处的社会文化背景截然不同，译者在旅游广告翻译的过程中，要充分考虑两种不同的文化因素。首先，旅游广告作为一种宣传手段，其听觉视觉效果要符合旅游者的审美观。某个旅游广告在本国旅游者看来美不胜收，非常完美，但可能在译入语国旅游者看来却不尽如人意，甚至引起强烈反感。比如，当Coca-Cola刚刚进入中国市场时，人们将其音译成"口渴口蜡"，给人感觉该饮料有如蜡般的口感，让人产生反感，将其译为"可口可乐"比较符合中国人的审美，令人赏心悦目。

汉英两种语言各自都拥有独特的语言习惯及历史文化，译者在进行旅游广告翻译时应特别注意两国不同的历史文化的差异，避免误译。例如，某酒店的大堂上的广告语"Where there is a guest，there is a home"就是套用了"Where there is a will，there is a way"。这则旅游广告套用了俗语、诗句，使旅游者一踏入酒店看到这句话就会倍感亲切，容易使游客接受该广告语并且便于记忆。

此外，旅游广告语言常常包含一些本国的文化内涵、历史典故、诗句以及习惯用语等等，请看下面这则关于日本文化节的广告：

Japanese Culture Day

Tea Ceremony

Introduced from China about 1，200 years ago，the tea ceremony at first spread among Japan's Samurai-warlord class as one of their aesthetic pursuits.But in time it spread, becoming an integral part of Japanese culture available to all who chose to practise it.Cha-no-yu，as it is called，consists of more than a tea-sipping rite；it includes esteeming artistic tea bowls.Taking part in cha-no-yu can provide a hint as regards the innermost part of the Japanese heart and mind.

Flower Arrangement

Flower arrangement，or ikebana，has evolved into a true art form.The types of arrangement are limitless and usually symbolise the season of year.Ikebana can feature buds as well as blossoms，leaves whatever，depending on one's imagination.Japanese Culture Day provides a chance to compose your own flower arrangement.

The Kimono

Few indeed do not know about the kimono as Japan's traditional garb，once worn in various forms and degrees of quality by everyone as daily attire.Today the kimono is seen mainly on such auspicious occasions as weddings and formal parties.Glimpse the gracious life of the nobility in Japan during the Heian Period（AC 794 一 1185）through the elegant kimono.

Japanese Cuisine

Japanese cuisine is arranged so as to keep the original characteristics of the foods used and at the same time to recognize their colour and flavour.It is arranged in dishes，in order to express the feeling and atmosphere of the season of the time.Much Japanese cuisine is regarded as healthy and is becoming popular outside Japan.

日本文化节活动

茶道

1200年前，茶道自中国传入，开始只在日本的武士军阀阶层作为一种审美时尚。但是，后来成了日本文化不可分割的一部分，人人都可以享用。茶道不仅指喝茶的礼节而且包括鉴赏茶具艺术。练习茶道能体会日本人思想的精髓。

插花

插花，日本人称作生花，已经演变成为一个真正的艺术形式，插花的花式不可计数，它们常常象征季节。插花可以显示花蕾，也可表示盛开的鲜花，或绿叶等等，这取决于插花人的想象。日本文化日提供给您自己插花的机会。

和服

几乎没有人不知道日本的传统服装——和服，原先是人们日常的穿着，有各种样式和质地。如今，这种服装一般只在婚礼和正式晚会这样的场合出现。通过优雅的和服，您可一瞥日本平安时期（公元 794—1185 年）贵族们的高雅生活。

日本料理

日本料理使食品保持原汁原味。食品放在碟上，表现时代气息。大部分日本料理被认为是健康食谱，正越来越受到外国人的欢迎。

在上面这则旅游广告里，出现了具有日本本国文化内涵的一些惯用语，如“日本的武士军阀阶层”（Japan's Samurai-warlord class）、“生花”（ikebana）、“和服”（Kimono），“日本料理”（Japanese Cuisine）等。这就要求译者在进行旅游广告翻译时，注重各民族特有的文化进行个性化翻译。

文化和语言是相互制约，相互影响的。同样，广告语与文化也是紧密联系的。由于东西方语言结构和文化上的差异，翻译工作者们在进行旅游广告翻译之前，必须要了解源语和目的语之间的差异，以及目的语国家的文化特征、风俗习惯、文化历史等等。此外，译者还要充分了解东西方旅游广告之间的差异，这样才能在翻译中准确、自然地再现源语的广告信息，也才能使翻译尽可能地贴切恰当。

## 四、旅游广告翻译中的错位

对语言现象的透彻理解是确切翻译的基础和关键。每一个民族语言都有它自己的词汇、句法结构和表达方法。英语与汉语在民族思维习惯及语言形态上有同有异，英语是一种相当发达的语言，各种句型很多，英语讲究形合及逻辑上的准确性。与英语相比，汉语动词较多，汉语是一种意合语言，不讲究结构的过分严密，也不刻意追求细节上的准确性，汉语讲究总体效果。尽管英汉两种语言有着各自的特点，然而，作为语言，它们都在不断地发展与变化着。

对于同一个概念，不同文化的人通常会选择不同的表达方式。这样，在跨文化交流中就会经常出现各种各样的理解错位甚至引起各式各样的问题和笑话。旅游广告翻译作为跨文化交流的一个重要组成部分，必然受到文化差异性的影响，也不可避免会出现这样或那样的错位现象。旅游广告翻译中的错位大致可以分成以下两方面。

### （一）时空上的错位

跨文化翻译中的错位大部分表现为时空上的错位，尤其表现在诸如成语、谚语等习语的翻译。原因是多数译者在翻译这类句子时根本没有考虑文化背景上的差异，而是不假思索地用套译的方式进行翻译。时空上的错位是指译者在翻译时，将不同年代和不同地域的人混为一谈，混淆他们之间的文化背景和历史差异，令人感觉有（关公战秦琼）之类的时空错位。如，在一家旅行社的墙上我们看到这样一则旅游广告，“We are your Men Friday.”，很多外国游客看了直摇头。“Man Friday”（忠实的仆人）是英国作家丹尼尔•笛福在《鲁滨逊漂流记》一书中的一句话。在这里译员随意修改原文，不考虑当时的语言背景，属于时空上的错位翻译。这个译文中国人看不明白，也很容易让外国游客产生错觉，以为中国也有鲁滨逊漂流记这个故事。因此，还不如直接将其译成“We are at your service”（我们随时为您服务）。类似的翻译像 Columbus's egg（万事开头难），也不可以随意更改的。再如，把 talk of the devil, and he is sure to appear 译成“说到曹操，曹操就到”，意思似乎并不错，但由于曹操这一特定的带有浓厚民族文化色彩的历史人物，译文会使读者产生错误的联想。还有人把“诸葛亮”译成 Solomon，把“干女儿”译成 goddaughter，这些都造成了时空上的错位。

翻译理论不但来源于翻译实践，而且能用于指导翻译实践，解决翻译中出现的问题。否则，任何凭空构拟出来的东西都是没有实用价值或理论意义的。今天如果要从信息存在原型视点出发，想要在旅游广告翻译中取得真正的时空对应，译者必须清楚地知道，真正的对等应该包括情感力量，背景烘托，新鲜还是陈腐，时髦还是古旧，声调和谐还是故意不协调，引起的联想是雅还是俗等方面的对等。

## （二）文化传统上的错位

每个民族独特的风俗、习惯、文化都在其使用的语言中有所体现，但是，一个民族所常见的词语在其他民族中却找不到对应词或对应的语言结构。例如，一些反映汉语文化独特内涵与风味、独有事物的词语在英语中常常找不到恰当的表达方式，翻译好这类词汇是极为重要的，因为它们往往隐含着一个国家和民族的文化特色，是这一文化区别于另一种文化的细节与象征。翻译不好，就会造成译语读者对源语信息理解的偏差和错误，这对文化传播的危害是极大的。这些被曲解了的词语不但会使游客感到莫名其妙，游兴大减，甚至使他们对中国文化造成误解，达不到享受旅游，传播文化的目的。

由于各民族有不同的文化传统与习俗，如果在翻译时完全注重词语上的对应，那就很容易引起文化传统上的错位。比如：广告语“开门红”被直译成“Open Red”，“挥金如土”被直译成“to spend money like soil”让人哭笑不得，正确的译文应分别是“make a good beginning”和“to spend money like water”。同样，“无事不登三宝殿”如果译成 No one comes to the Hall of Trinity without the reason，那会使西方读者误以为中国文化中也有“圣父，圣子，圣灵”的基督教三位一体论，再如“用餐时免费停车”被译为“free parking at dinner”，此译文语言表达错误，正确的表达应该是“free dinner parking”。“以运动为主题的餐厅”被译为“a sport restaurant”，该译文的错误之处在于信息缺失，正确的表述应该是“a sports-themed restaurant”。

## （三）有效的旅游广告翻译

### 1. 时空变换

所谓语言的时空变换，指的就是无论翻译年代距我们久远的古代作品，还是翻译当代的文章，译者都应使用目标读者所偏好或习惯了的语言文字，以适应他们的阅读习惯和文字审美取向。任何原作和译作都是为各自的目标读者而准备的，理应照顾和适应各自目标读者的语言偏好和当时的社会场景，这正是翻译中语言的时空变换观所依据的认识语言学观点。既然原作原来的出发点和目的是为了使其目标读者能够较顺利地阅读或欣赏作者的文本，作者使用的语言自然就是他那个时代目标读者所使用和习惯的通用语，这样才会使其作品符合目标读者的语言偏好和文字阅读习惯，并最终达到为其目标读者所接受的目的。同样，译作也必须使用译者所处时代的目标读者所喜欢和习惯了的通用语，才能使译作与原作一样，通过给自己的目标读者以方便的阅读文字，达到让他们接受的预期目的。如一则旅游宣传广告：It's a piece of cake to visit Beijing.（轻而易举游遍北京）。这则旅游广告结构严谨，循规蹈矩，缺乏动感和吸引力，有着明显的汉语印记。译成“Visiting Beijing，Easy！”则言简意赅，可使游客兴趣盎然。

2. 变通与补偿

语言和文化的关系就像镜子与镜子一样，双方彼此反射对方。由于自然条件和社会环境不同，各个民族在其历史发展过程中形成各自不同的行为方式和生活方式，这就是人们所说的风俗习惯。从文化考察和文化研究的角度去看，一个民族的风俗习惯最能充分体现这个民族的心理、志趣、信仰和历史发展，同时，它也是这个民族最有意义的文化特征。当一种文化有某些经历而另外一种文化没有时，翻译就会出问题。由于源语文化和译语文化之间的差异，源语符号和译语符号几乎不可能在指称、语用和言内三个意义层面上一一对应。为了在译语语法和惯用法的范围以内保证特定上下文中最突出或最重要意义的优先传译，争取原文和译文最大限度的等值，变通和补偿手段是不可缺少的。这里的补偿是指补偿照字面“直译”原文将会造成的原文意义的缺失。英国著名翻译理论家纽马克（Newmark）认为：补偿主要用于弥补译文在语义、声音效果、修辞及语用效果等方面的缺损。我国学者马红军先生将补偿手段分为显性补偿和隐性补偿» 前者指明确的注释，后者指充分利用各种译入语手段对原文加以调整。柯平教授认为变通和补偿的主要翻译手段是加注、增译、视点转换、具体化、概略化、释义、归化和回译。

广告属于呼唤型文本，其功利性强。好的广告翻译要迎合不同文化背景的消费者。旅游广告翻译应以目的语文化为取向，这就要求译者了解所译广告及商品或服务的特点，了解广告受众国的文化传统以及消费心理，注重译语语言的规范化、口语化及通俗化。所有广告的目的都在于让消费者购买产品、服务和创意，所以译者的任务就是完整地表达源语广告的信息与文化，使源语广告适应目的语文化以达到广告的促销效果。如“狂欢北戴河”直译成“crazy Beidaihe”会使人误以为北戴河出什么问题了；译成“Beidaihe roars”则更能激起游客的热情。还有像广告语“新北京，新奥运”不可以译成“New Beijing,New Olympics”。在这里,“新奥运”是指令人期盼的振奋人心的奥运，所以译为“New Beijing，Great Olympics”更具有吸引力。

无论是哪一种变通补偿手段，只要是能够再现源语的语言效果并传达言外之意，都可以在旅游广告翻译中使用。作为一种对外宣传途径，旅游广告开始发挥越来越大的作用，旅游广告翻译也越来越受到关注。在翻译中译者应采取适当策略，力求把旅游广告译成一种大众化的、喜闻乐见的通俗读物，让游客读懂看懂并从中获得相关知识和信息，避免翻译中的错位，从而改进和提高旅游广告的翻译质量。

# 参考文献

[1] 于立新，张笑翀，蔡宁 . 新编旅游英语 [M]. 徐州：中国矿业大学出版社，2017.

[2] 朱梅 . 旅游英语与翻译实践研究 [M]. 石家庄：河北人民出版社，2017.

[3] 刘爽 . 旅游英语即听即说 [M]. 北京：机械工业出版社，2017.

[4] 黄少刚，曾志蕴 . 旅游英语 Around the world 走遍世界 [M]. 北京：北京理工大学出版社，2017.

[5] 张璆晔 . 中职旅游英语口语 600 句第 2 版 [M]. 北京：旅游教育出版社，2017.

[6] 刘志芳 . 图解旅游英语入门超简单一学就会 [M]. 北京：中国宇航出版社，2017.

[7] 马之成 . 实用旅游文化英语 [M]. 成都：西南交通大学出版社，2017.

[8] 周毅 . 旅游英语 [M]. 重庆：重庆大学出版社，2018.

[9] 钟鹰翔 . 旅游英语课程体系构建 [M]. 长春：东北师范大学出版社，2018.

[10] 谭宗燕 . 旅游实用英语 [M]. 武汉：武汉大学出版社，2018.

[11] 刘心，毛惠媛 . 旅游英语 [M]. 北京：清华大学出版社，2018.

[12] 薛美珏，史博姣，潘云 . 旅游英语 [M]. 长春：吉林大学出版社，2018.

[13] 耿小辉 . 旅游英语口语 [M]. 杭州：浙江教育出版社，2018.

[14] 王道英 . 旅游英语 [M]. 上海：上海科学普及出版社，2019.

[15] 胡琰，黄笑菡 . 旅游英语 [M]. 杭州：浙江大学出版社，2019.

[16] 李秀兰 . 玩转旅游英语口语 [M]. 北京：中国纺织出版社，2019.

[17] 聂志锋 . 旅游英语读本 [M]. 昆明：云南大学出版社，2019.

[18] 杨君君；易人外语教研组编著 . 每天 3 分钟速学旅游英语 [M]. 江苏：江苏凤凰科学技术出版社，2019.

[19] 曲琳娜 . 高职旅游专业实训系列教材实用旅游英语 [M]. 北京：旅游教育出版社，2019.

[20] 张冰，贺毅夫 . 旅游专业英语 [M]. 北京：中译出版社，2019.

[21] 刘志红 . 旅游实用英语写作 [M]. 北京：中国旅游出版社，2019.

[22] 朱宁 . 英语国家旅游文化英文版 [M]. 北京：旅游教育出版社，2019.

[23] 诸晓筠 . 实境彩图场景分类旅游英语 [M]. 北京：中国宇航出版社，2020.

[24] 向晓 . 多维人文学术研究丛书新潮旅游英语解读基于语言认知 [M]. 北京：中国

书籍出版社，2020.

[25] 赵海湖，王宁 . 旅游英语 [M]. 北京：清华大学出版社，2020.

[26] 任吉丹，金丽娜，朱越 . 旅游英语 [M]. 杭州：浙江工商大学出版社，2020.

[27] 李晓红 . 旅游英语综合教程 [M]. 北京：中国人民大学出版社，2020.

[28] 李宏娟，姚茜 . 国际邮轮旅游英语 [M]. 长春：吉林大学出版社，2020.

[29] 王晓侠 . 旅游英语口语 [M]. 长春：吉林大学出版社，2020.

[30] 崔进 . 新编旅游英语修订版 [M]. 武汉：武汉大学出版社，2020.

[31] 胡锐，赵建苹 . 旅游英语翻译实训教程 [M]. 北京：机械工业出版社，2020.